SAMUEL KAKANDE

O ESTADO DE CORRUPÇÃO NO UGANDA

SAMUEL KAKANDE

O ESTADO DE CORRUPÇÃO NO UGANDA

ScienciaScripts

Imprint
Any brand names and product names mentioned in this book are subject to trademark, brand or patent protection and are trademarks or registered trademarks of their respective holders. The use of brand names, product names, common names, trade names, product descriptions etc. even without a particular marking in this work is in no way to be construed to mean that such names may be regarded as unrestricted in respect of trademark and brand protection legislation and could thus be used by anyone.

Cover image: www.ingimage.com

Este livro é uma tradução do original publicado sob ISBN 978-3-8443-1930-9.

Publisher:
Sciencia Scripts
is a trademark of
International Book Market Service Ltd., member of OmniScriptum Publishing Group
17 Meldrum Street, Beau Bassin 71504, Mauritius
Printed at: see last page
ISBN: 978-620-2-93842-6

OBRIGADO

Presto homenagem aos autores e estudiosos cuja indulgência clerical com as questões abordadas neste trabalho me inspirou a prosseguir a tese actual. Os meus sinceros agradecimentos vão também para Sua Alta Adoração Gadenya Paul, Conselheiro Técnico Superior do Ministério da Justiça, por todos os esforços, comentários úteis e conselhos sobre o meu tema de estudo. Os materiais e a orientação paternal que me forneceram foram uma grande ajuda para a realização desta investigação. A sua reverência John Keitirima, Registrar Divisão Anti-Corrupção do Supremo Tribunal do Uganda, agradeço-lhe o apoio útil durante o tempo que passei na Divisão.

Estou em dívida para com os meus pais, Sr. Godfrey e Sra. Sarah Kalule, que fizeram um grande sacrifício não só a esta pesquisa mas a toda a minha carreira académica com tanto amor, cuidado e diligência. Aprecio a sua paciência e perseverança durante os meus anos de escola. Agradeço o apoio do Sr. Sekubwabo Kyeyune e do Sr. Mutebi Anthony, que me acompanharam através do meu apoio académico com assistência financeira. Muito obrigado aos meus irmãos Emmanuel, Jonathan e Enock, à Annet das minhas irmãs, Rebecca e Stella pelo seu encorajamento no resultado final desta investigação. Minha sobrinha Eve contei muito convosco nos meus tempos difíceis

Agradeço de todo o coração e sinceramente ao meu supervisor, Dr. Christopher Mbazira, pela sua orientação paternal e esmagadora, sem a qual esta investigação não teria sido possível. O seu papel na edição e definição da peça final deste trabalho é muito apreciado. O seu apoio intemporal, dedicação e posição académica em conjunto com os seus célebres trabalhos científicos têm sido e continuam a ser para mim uma inspiração.

Estou grato à Sra. Ngaiza, professora na Faculdade de Direito (MUK), por todo o encorajamento e apoio ao longo do meu tempo na universidade. Em particular, gostaria de agradecer ao Sr. Kalemba Robinson por todo o apoio prestado ao longo do meu tempo na universidade.

Um agradecimento especial ao meu colega de quarto e amigo, Sr. Nasur Mohammed Buga, cuja bondade e paciência neste processo é indescritível. Agradecimentos especiais8 ao Sr. Kasule

Emmanuel e ao Sr. Were Kenneth Peter, sem cuja ajuda a impressão dos meus materiais de investigação e a cópia final deste trabalho não teria sido possível.

Profunda gratidão aos meus colegas e amigos Carol Mbabazi, Kaka Faiza, Katono Happy, Nassuna Victoria, Irene Nambatya, Damlie Tibugwisa, Nasegye Gertrude, Nakimuli Stella, Asiku Swaleh, Nyanzi Bosco, Dorcus Tucungwire, Nabulime Rhona, Kemirembe Hafsa, Ibrahim Musa, Baluku Ronald, Akello Ann, Matovu Akram e outros, cujos nomes não posso mencionar devido à falta de espaço. O vosso amor, as vossas orações e a vossa amizade tornaram o tempo na Faculdade de Direito um tempo inesquecível.

As palavras vêm-me à cabeça quando penso na grande e incansável ajuda moral e financeira que recebi da Sra. Mawemuko Jacqueline, na sua confiança nas minhas capacidades para realizar a tarefa que me tinha proposto, nos seus comentários sensíveis e inestimáveis sobre os esboços deste trabalho, nas suas orações e encorajamento trouxeram-me através do meu mais profundo desespero para escrever este trabalho. Especialmente nos meus tempos difíceis, contei muito com o vosso amor e as vossas orações.

Finalmente, e certamente o mais importante, estou grato a Deus Todo-Poderoso que tem sido a minha força e o meu guia. A graça de Deus trouxe-me até aqui. Sem o dom da vida, a honra de ter esta obra seria um pensamento desconhecido para este mundo. A redenção de Deus, que me acompanhou através dos tempos cinzentos da minha vida, permitiu-me dar esta contribuição para o mundo. Outros podem ter sido uma ajuda na montagem deste trabalho, mas estou certo de que Deus o fez, estou contente por Ele o ter usado (como seu eu visível) e está tão grato a Deus por isso.

DEDICAÇÃO

Este trabalho é dedicado aos meus queridos pais, Sr. Godfrey e Sra. Sarah Kalule, cujo sacrifício para me trazer até aqui não pode ser descrito nos dialectos dos homens, juntamente com aqueles em cuja arte reside a busca honesta, sincera e sincera da administração da justiça.

Ao meu irmão mais velho Emmanuel Kasule e às irmãs Stella, Annet e Rebecca com todas as pessoas que escolheram para fazer parte da nossa grande família.

Aos meus irmãos Jonathan e Enock, os pequenos Jolly Joe, Jovial, baby joyous, baby Issac Suubi Bracke, que esta tese seja sempre um encorajamento para todos os vossos esforços futuros, que com trabalho árduo e dedicação, uma terra possa alcançar todas as alegrias. Que o Salmo de David seja sempre o vosso guia.

A Settuba Stephen Mukiibi, que está actualmente a completar o seu treino militar, que você é um irmão e amigo e todas as minhas orações para que complete com sucesso o seu treino e exerça a profissão desejada.

Desejo que o meu leitor seja recordado do comando de Deus Todo-Poderoso
Provérbios 14:23:

"Todo o trabalho árduo traz lucro, mas a mera conversa leva apenas à pobreza.

TRIBUNA   Lei anti-corrupção 2009.

AKKU   Coligação Anti-Corrupção Uganda.

ACD   Departamento anti-corrupção.

AG   Procurador Geral da República

APRM   Mecanismo Africano de Revisão pelos Pares

CBO's   Organizações de base comunitária

CHOGM   Reunião dos Chefes de Governo dos Estados da Riqueza Comum.

CID   Investigações criminais

CPI   Índice de percepção de corrupção

organizaçõe organizações da sociedade civil.

DEI   Direcção de Ética e Integridade.

DFID   Departamento de Desenvolvimento Internacional.

DPP   Direcção do Ministério Público.

CE   Comissão Eleitoral.

GAVI   Aliança Global para Vacinas e Imunização.

PIB   Produto interno bruto.

HC (ACD) PD Instruções Práticas do Supremo Tribunal (Divisão Anti-Corrupção), 2009.
IAF   Fórum Interinstitucional.

IATM   Movimento internacional de teatro anti-corrupção

IG   Inspecção Governamental.

IGG   Inspector Governamental.

INFOC   Coligação inter-religiosa contra a corrupção.

LCA   Lei sobre o Código de Gestão, 2002.

MCA   Magistrates Courts Act Cap 16.

MCC   Millennium Challenge Corporation

NRM   Movimento de resistência nacional.

NTB   Comissão Nacional de Concursos

OAG   O Gabinete do Auditor Geral.

OCDE   Organização para a Cooperação e Desenvolvimento Económico.

PAC   Comissão das Finanças Públicas

PCA	Lei do Código Penal.
POCA	Lei de Prevenção da Corrupção.
PPDA	A autoridade para os contratos públicos e eliminação de bens públicos
RRA	autoridade fiscal ruandesa
Shs	Xelins.
TCP/ACT	Plano nacional anticorrupção limiar
TIA	Julgamento sobre a lei de acusação Cap23.
TI	Transparência Internacional
UDN	Uganda Debt Network (Rede da Dívida do Uganda).
UG Shs	Xelim do Uganda
UHRC	Comissão dos Direitos Humanos do Uganda.
EUA	Estados Unidos da América.
USAID	Agência dos Estados Unidos para a Assistência e Desenvolvimento Internacional
USD	Dólar dos Estados Unidos
WBI	Instituto do Banco Mundial.

LISTA DA LEGISLAÇÃO E DAS CONVENÇÕES INTERNACIONAIS.

1. Constituição da República do Uganda, 1995

2. Convenção da União Africana sobre a prevenção e combate à corrupção e delitos conexos (2003, Convenção da UA)

3. A Convenção das Nações Unidas contra a Corrupção (2003, Convenção das Nações Unidas ou UNCAC)

PREÂMBULO.

A corrupção é um dos problemas mais generalizados no Uganda. Desde que o NRM chegou ao poder, foram feitas tentativas para refrear o vício, mas este tem persistido e não foi erradicado, apesar dos vários esforços do governo para o eliminar. Hoje em dia, a TCA é estabelecida e se está a intensificar a luta contra a corrupção é o tema desta investigação. Este estudo é uma tentativa de investigar o funcionamento da TCA e de determinar a sua contribuição para a luta contra a corrupção no Uganda. Este estudo examina os vários problemas que levaram ao fracasso das instituições anti-corrupção que existiam antes da DAC em travar o nível desenfreado de corrupção. Para o efeito, é analisado o mandato da TCA e são salientadas as deficiências de outras instituições na luta contra a corrupção.

Neste contexto, o meu estudo chega à conclusão de que a corrupção é uma prática absurda que deve ser combatida para que os afectados não se enriqueçam injustamente. Os desafios associados à luta contra a corrupção são uma grande preocupação e devem ser enfrentados. Uma vez que a corrupção está a aumentar, recomendo que o TCA ouça rapidamente os casos, para que a característica do acúmulo de casos que prevalecia no antigo sistema judicial seja eliminada. O DCA deve ser equipado com tecnologia moderna para ajudar na instrução dos processos, a fim de assegurar um julgamento rápido. As regras de processo penal aplicáveis à DAC precisam de ser alteradas para garantir que o antigo longo procedimento seja negado, de modo a que as partes possam dispor de recursos jurídicos rápidos.

CAPÍTULO UM

Antecedentes do estudo

A corrupção sempre existiu de uma forma ou de outra, e já no século IV o estudioso de sânscrito Kautiliya escreveu

Tal como não é possível não provar mel (ou veneno) colocado na superfície da língua, também não é possível que alguém que negoceia com o dinheiro do rei não possa provar o dinheiro mesmo nas quantidades mais pequenas. Tal como os peixes que se deslocam na água não podem ser conhecidos quando bebem água, também os funcionários nomeados para realizar trabalhos não podem ser conhecidos quando adquirem dinheiro. [1]

Vale a pena mencionar que as tendências corruptas têm existido em todas as sociedades do mundo desde o início. No início do colonialismo, a corrupção era generalizada porque a ética moral e os costumes tradicionais eram desacreditados.[2] Esta necessidade urgente de sobreviver reforçou a degradação dos valores éticos que eram do conhecimento comum. Quando os africanos conseguiram arranjar um emprego no sector público, foram muitas vezes pressionados por familiares, vizinhos, amigos e conhecidos para obterem favores, empregos e outros benefícios. Na minha opinião, isto deve-se principalmente às grandes famílias que predominam no ambiente africano. Assim, o vício da corrupção tem continuado a aumentar durante este período.[3]

Depois da independência[4] do Uganda, porém, foi precisamente em 1965 que os vestígios de corrupção ugandesa começaram a tornar-se visíveis através das acusações de Daudi Ochieng de contrabando de café e ouro por funcionários do governo.[5] Estes incluíam Idi Amin, o então Vice-Comandante do Exército, Adoko Nekyon e Felix Onama, que eram os Ministros da Informação e da Defesa respectivamente, e o então Primeiro Ministro Dr. Milton Obote. Tais

---

[1] -htttp://www.7.%20Day%20session%202%purohit.pdf
[2] Katorobo, (1986). Corrupção na Gestão: Patologia Ética da Gestão, Instituto de   Gestão na África Oriental e Austral. Arusha, na página 14.
[3] Robert William, (1987). Corrupção política em África. Gomer Verlagsgesellschaft mbH Hampshire, na página 45.
[4] 9 de Outubro de 1962
[5] Tumusiime, (1996), Uganda 30 anos, 1962-1992 Fountain Publishers ltd. Kampala, na página 33.

alegações foram negadas por funcionários governamentais, e não foi iniciada nenhuma investigação séria, o que abriu claramente o caminho para tendências corruptas por parte da maioria. Funcionários governamentais sob o pretexto de que estariam sempre protegidos pelo estabelecimento de comissões de investigação fracas e impotentes.

A proclamação da Lei de Prevenção da Corrupção (POCA) em 1970 marcou o início de uma era de luta contra a corrupção. Mas o estatuto não mudou, e o Professor Mamdani escreveu sobre a situação no sector público na altura:

"... a crise económica dividiu o serviço público em dois, e a fim de permanecerem politicamente seguros e economicamente viáveis, vários funcionários e chefes para-estatais procuraram ligações com fascistas. Estavam envolvidos no Magendo em grande escala. [6]Como instituição, a função pública só exerceu as suas actividades sob duas condições, ou quando foi encomendada à mão armada ou quando lhe foi dado "chá". " [7]

Com a afirmação acima é claro que, para obter alguma coisa dos funcionários, era necessário certificar-se claramente de que se dançaria ao som das suas músicas, fornecendo o "chá" necessário para que nunca conseguisse o que alguma vez desejou. Assim, o chá teve de ser trocado por um serviço que alguma vez se poderia desejar.

Um nível tão elevado de tendências corruptas levou à criação do decreto do Tribunal de Crimes Económicos de 1975, que foi mandatado para combater a corrupção, o contrabando, o açambarcamento de peculato e o roubo de moeda estrangeira, mas dois anos mais tarde a operação foi abortada sem sucesso.

Entre 1975 e 1985, Akena Adoko atribui a corrupção endémica à inflação. Afirma que durante este período a corrupção foi tão generalizada que ninguém podia viver só com o seu salário. Ele nota isto com tristeza:

"Foram criadas unidades anti-corrupção para transportar funcionários corruptos em camiões, mas toda a administração foi criada para desenterrar dois ou mesmo mais. Até os próprios cães de guarda acabaram na mesma sopa que os que deveriam estar a observar.[8] "

---

[6] Magendo é uma palavra swahili e significa comércio ilegal ou mercado negro.

[7] Mamdani, (1983). Imperialismo e fascismo no Uganda. Heinemann Education Books (EA) Ltd. Nairobi na p. 28.

[8] Akena, (1983). De Obote para Obote. Editora Vikas. Nova Deli. na p. 101.

Quando a NRM tomou o poder em 1986, o governo viu-se confrontado com o desafio de voltar a pôr a economia ugandesa no bom caminho, onde os cidadãos tiveram de regressar à economia do sector formal em vez de trabalharem no sistema informal tão difundido para assegurar um "nível de vida decente para todos os cidadãos". [9]Assim, no seu "Programa de Dez Pontos", o Presidente Museveni procurou construir uma economia nacional através da eliminação da corrupção e do abuso de poder. [10]

Como Dicklich observou[11], o NRM tinha inicialmente desempenhado um papel fundamental na tarefa do governo de alcançar "um nível de vida decente para todos os cidadãos", procurando assegurar um nível mínimo de padrões de vida exemplares, por exemplo, encorajando o investimento no país.

Também são dignos de nota os doadores que desempenharam um papel significativo no financiamento dos esforços anti-corrupção do país e que desempenharam um papel fundamental no estabelecimento e/ou manutenção das várias instituições, tais como o IGG, o Auditor Geral e o sistema judicial, com vista a reduzir o nível de corrupção no país.

Contudo, apesar destas tentativas, a corrupção continua a ser um problema grave no país, o que ainda hoje é capaz de desestabilizar o futuro político e económico do país. Assim, a integridade e a honestidade tornaram-se um vício que pode ser gozado: Desonestidade e astúcia são virtudes que agora devem ser cultivadas e imitadas. [12]A corrupção é agora categorizada de acordo com a sua extensão e localização hierárquica e de acordo com a medida em que existem práticas corruptas dentro de uma única organização ou de toda a infra-estrutura política, social e económica. Também em termos de escala e localização, a corrupção varia desde a corrupção em pequena escala emanada de funcionários de nível inferior até à corrupção em grande escala de funcionários de alto nível, e em termos de prevalência varia desde a corrupção regular ou sistemática dentro de uma determinada organização ou instituição até um sistema completamente corrupto. Foram identificadas as seguintes formas de corrupção no Uganda: Aceitar subornos (63%), tribalismo (47%), nepotismo (26%), nepotismo (26%), favoritismo

---

9

    Dicklich,(1994): The Democratization of Uganda under the NRM Regime. Congresso Mundial da Associação Internacional de Ciência Política preparado para apresentação. 21-25 de Agosto, na p. 6.
[10] Ponto sete.
[11] Ibid. 8
[12] Tumusiime, (1996). Uganda 30 anos, 1962-1992. Fountain Publishers ltd. Kampala, na página .87.

(21%), dar subornos para influenciar a adjudicação de contratos governamentais (21%), pilhagem por funcionários governamentais (19%) e aceitar comissões (12%). [13]

A formação da TCA é de grande relevância porque reflecte o grande clamor do público sobre a extensão da corrupção no país. A TCA, com mandato para tomar medidas contra a corrupção e crimes relacionados com a corrupção, oferece ao público outra oportunidade de protestar contra a apropriação indevida de fundos destinados ao bem público. O Departamento ajuda assim a processar os casos de corrupção e tem sido fundamental para reduzir o atraso no sistema judicial, uma vez que os casos comunicados ao Departamento podem agora ser resolvidos em menos de seis meses. Isto significa que as partes no julgamento que querem acabar com a corrupção têm agora os meios de recurso mais rápidos possíveis em casos de práticas desleais que envolvem a apropriação indevida de fundos e recursos para o benefício geral do público.

Descrição do problema

As medidas para erradicar a corrupção estão na vanguarda da política governamental, como testemunhado em 2006 quando o Presidente Museveni anunciou uma política de tolerância zero à corrupção, mas tais medidas não foram totalmente adoptadas pelo Uganda devido a vários problemas sociais, económicos, políticos e culturais. [14]Por exemplo, parece que, embora nas últimas duas décadas tenha havido medidas para refrear a corrupção que se concentraram principalmente nos funcionários públicos, a corrupção é agora muito mais prevalecente no sector económico privado. Os mecanismos administrativos e institucionais para a implementação de políticas de combate à corrupção não são tão eficazes como se poderia esperar e muitas vezes ignoram as novas tendências utilizadas pelos perpetradores, tais como a utilização de familiares para gerir "próprias" empresas, mas que são directamente geridas por diferentes indivíduos.[15] Mesmo os projectos concretos para mostrar os resultados da luta contra o vício estão ainda pendentes, tais como a apropriação indevida de 2 milhões de dólares de

---

[13] M, Tebajjukira, "Parlamento em quarto lugar entre as instituições mais corruptas - inquérito" (Sunday Vision 18 March 2008)

[14] O relatório de Integridade Global de 2006 estima que mais de metade do orçamento anual do governo é perdido todos os anos por corrupção, ascendendo a 950 milhões de dólares. Disponível em http://www.globalintegrity.org/reports/2006.

[15] Em 2007, funcionários governamentais contornaram as directrizes oficiais de aprovisionamento para encomendar uma empresa desconhecida, a Kenlloyd Logistics, para reabastecer as reservas de combustível do Uganda. A empresa era dirigida pelo genro do Secretário de Estado, que é ele próprio parente do Presidente. Disponível em http://www.globalintegrity.org/reports/2008.

fundos fornecidos pela Aliança Global de Vacinas e Imunização em 2005 .[16] A participação activa de todas as instituições na luta é muito baixa e, mesmo que haja participação, ainda é limitada. Por conseguinte, a luta contra a corrupção tem tido até agora pouco impacto na atenuação do problema e dos males a ele associados. É portanto necessário examinar o funcionamento da TCA e identificar as suas contribuições passadas e futuras, uma vez que se trata de uma nova instituição, e também considerar os seus prováveis desafios para que possam ser limitados, a fim de assegurar que a TCA contribua positivamente para a luta contra a corrupção no Uganda. Em suma, dado que o poder judicial tem um mandato para administrar a justiça[17] e as tendências corruptas são injustas, a criação da TCA é tão importante para controlar a prevalência de tais manifestações radicais e injustas, a fim de assegurar que a justiça seja feita em todas as sociedades ugandesas.

Objectivos do estudo

Objectivo geral

O objectivo geral do estudo era avaliar o estado da corrupção no país e determinar a contribuição da TCA para a luta contra a corrupção.

Objectivos específicos

O estudo foi orientado pelos seguintes objectivos específicos;

1. Investigar o nível de corrupção existente e determinar se o problema aumentou ou diminuiu.
2. Investigar a contribuição das instituições anteriormente existentes na luta contra a corrupção.
3. Estudo da eficácia do estabelecimento do DCA.

Âmbito do estudo

O estudo foi limitado ao ACD no Supremo Tribunal de Kampala. Isto deveu-se ao facto

---

[16] www.yigg.de/sonstiges/uganda.
[17] Artigo 126,2,(a) da Constituição de 1995

de o DCA ter sido então totalmente estabelecido com juízes e um presidente designado do Supremo Tribunal de Kampala.

Magistrado. O período de investigação foi escolhido como o período dos primeiros dez meses da criação da DCA, ou seja, Maio de 2009-Febraury2009.

Perguntas sobre investigação

A investigação foi orientada pelas seguintes questões:

1. Será que as instituições existentes antes da criação da TCA cumpriram o seu mandato na luta contra a corrupção e qual a sua eficácia?
2. Tendo em conta o nível de corrupção no país, quais são as implicações da criação da TDA?

Justificação do estudo

1. O estudo contribuirá para uma melhor compreensão de como as diferentes instituições trabalharam no seu mandato anti-corrupção antes do estabelecimento da DAC.
2. Além disso, os resultados do estudo ajudarão a identificar melhores formas de gestão da TCA para assegurar que a TCA cumpre o seu mandato adequadamente, a fim de assegurar uma gestão mais eficaz na luta contra a corrupção.
3. Os resultados também servirão de orientação aos decisores políticos nos tribunais para assegurar que a sua imagem seja alterada. [18]

Revisão de literatura

Raphael Baku[19], o inspector governamental em exercício, acusou os tribunais de impedirem a luta contra a corrupção. Nas suas alegações, afirmou que os condenados podem apanhar um máximo de 10 anos, mas os juízes recusaram-se a impor penas tão duras, e mesmo assim as multas impostas não são dissuasivas porque são inferiores ao dinheiro desviado, mas insistiu

---

[18] Frank Mugabi, "Uganda: tribunais abrandam os esforços anti-corrupção". Nova Visão, segunda-feira, 15 de Junho de 2009.
[19]Raphael Baku, enquanto falava aos professores, estudantes e comités de administração escolar no Colégio Ombaci em Arua sobre ética e integridade.
http://allafrica.com/stories/stories/200906160017.html

que a luta contra a corrupção assume uma nova dimensão quando os juízes conseguem que os condenados paguem o dinheiro e cumpram longas penas de prisão. Este estudo não tem em conta o novo Departamento do Supremo Tribunal (ACD), pelo que a minha investigação visa descobrir como o departamento irá cumprir a sua missão.

Caroline e Rend[20] , enquanto discutem as causas da *corrupção* nos países em desenvolvimento, são o tema de uma discussão teórica de que a corrupção resulta de falhas particulares no sistema político-administrativo de um país, tais como: regulamentação estatal excessiva, poderes discricionários regulamentares ou aplicação inadequada da lei. Estas deficiências são perpetuadas e exploradas por grupos de interesse privados que adquirem "rendas" privadas de fundos públicos. O meu foco neste estudo será nas suas alegações de aplicação inadequada da lei, e apresentarei razões para que a DAC aplique adequadamente a lei para assegurar que o vício de corrupção seja devidamente tratado.

No seu estudo, Kaufmann[21] apela a reformas incrementais para remediar as deficiências do sistema político-administrativo. Exemplos de tais reformas são mudanças no sistema jurídico e judicial, fortes liberdades civis e políticas, liberdade de imprensa ou liberdade de reunião, como já foi referido por Rose[22] , ou a criação de autoridades anti-corrupção. [23]As actuais políticas do WBI e da TI baseiam-se nessas reformas incrementais e fornecem assistência técnica para o desenvolvimento de estratégias nacionais coerentes contra a corrupção. [24]

Santo Agostinho aborda a necessidade de ligação com as pessoas a nível das bases, a fim de as envolver na luta pela responsabilização e transparência. Ele observa que as pessoas a nível das bases carecem de conhecimento dos seus direitos e direitos e que, como resultado, os funcionários utilizam fundos públicos para fins privados, o que cria a necessidade de envolver as pessoas no controlo da implementação e utilização efectiva dos recursos nacionais. Contudo, o seu estudo limita-se apenas ao povo a nível das bases, embora o reconhecimento de que constituem a maioria dos ugandeses e a educação destas pessoas sem um sistema judicial

---

[20]Carolien e René (2004). S.3.

[21] ibid. nota p.4

[22] ibidem.

[23] ibidem.

[24] Banco Mundial (1999a) *Anti-Corruption Core Programme,* Washington, DC: Banco Mundial, ibid. nota 20 at4.

adequado para assegurar que os culpados sejam levados à justiça produza poucos ou nenhuns resultados na luta contra o vício da corrupção, razão pela qual este estudo é necessário.[25]

Tumuhimbise observa que nos últimos anos o Uganda introduziu um número infinito de instituições e mecanismos de controlo, todos eles capazes de reduzir a corrupção e o abuso pessoal do Estado. Com que objectivo? A introdução de instituições que realmente funcionam é uma luta árdua e laboriosa. Admite também que é bastante triste que tantos anos de desenvolvimento institucional no Uganda não tenham produzido mais resultados. Ele oferece uma solução para não abandonar este caminho e afirma que as instituições devem ser mais fortes e devem ser-lhes dado mais espaço e oportunidades, de modo a que a única forma sustentável de combater a corrupção a longo prazo seja assegurar que as instituições que trabalham estão a funcionar e que também estabelecem os padrões de comportamento na sociedade. Na sua opinião, vale também a pena mencionar uma liderança política genuinamente empenhada na luta contra a corrupção - mas que nunca deve governar à custa das instituições. Na sua opinião, o papel do governo é construir as instituições e enviar o sinal de que a corrupção é inaceitável, e depois a polícia e o poder judicial farão o resto - se os políticos apenas os deixarem fazer o seu trabalho. [26]Este estudo explicará como o TCA funcionará para construir instituições mais fortes para refrear a corrupção, como Jasper mencionou acima.

Joy Hutcheon, apresentando o programa do governo britânico para combater a pobreza no Uganda, observou que uma posição mais dura sobre a corrupção e uma atenção renovada à reforma do sector público são cruciais para a luta contra a corrupção. Acrescentou ainda que o DFID trabalharia com o IGG, o Auditor Geral, comissões parlamentares de auditoria, sociedade civil e governos locais para reforçar a exigência de prestação de contas por parte dos cidadãos. [27]Isto é claramente crucial na luta contra o vício da corrupção, mas ela continuou sem mencionar a cooperação da organização com a TCA, pelo que o presente estudo irá concentrar-se na avaliação da eficácia da TCA no combate ao vício da corrupção.

---

[25] Augustine Muserero (2000). Lançamento da campanha anti-corrupção de   base. Uganda Debt Network (Rede da Dívida do Uganda). Katakwi e Soroti

[26] ibidem. Nota 1.

[27] Henry Mukasa. A Grã-Bretanha exige medidas mais duras contra a corrupção. A Nova Visão, segunda-feira 28 de Setembro de 2009, p.5

O Professor R.K.Mishra[28] afirma que as organizações da sociedade civil têm um papel fundamental a desempenhar na promoção dos esforços anti-corrupção em todas as fases, desde as negociações até às revisões de acompanhamento. Os grupos da sociedade civil podem instar os seus governos a darem prioridade à ratificação e implementação da Convenção através da investigação, análise e trabalho de advocacia. Podem ajudar a traduzir a terminologia jurídica dissuasora das Convenções para uma linguagem que os não advogados entendam, e podem explicar ao público a utilidade destas Convenções no combate à corrupção. Podem monitorizar e tornar público o desempenho do seu governo, o que lhes permite acrescentar uma importante perspectiva independente à sua própria avaliação do progresso do governo. Quando identificam deficiências, podem defender melhorias na coligação com apoiantes no governo e no sector privado. Quanto mais grupos participarem nestas actividades, mais fortes e mais eficazes serão as convenções anticorrupção e os esforços anticorrupção em geral. A TI, a principal organização global da sociedade civil dedicada à luta contra a corrupção, tem estado activamente empenhada na promoção do desenvolvimento, ratificação, implementação e monitorização de convenções internacionais anti-corrupção e outros instrumentos internacionais desde a sua fundação em 1993. [29]Como se viu acima, esta literatura centra-se apenas no papel da sociedade civil na luta contra a corrupção, mas não menciona que a luta contra a corrupção será mais repugnante se os esforços da sociedade civil forem complementados por um sistema judicial adequado, reduzindo assim a sua proliferação. O presente estudo deverá, portanto, ajudar a clarificar a utilidade da TCA na luta contra a corrupção.

Alice Komuhangi[30] salienta que as principais instituições anti-corrupção do Uganda incluem o Ministério Público (DPP) (para aplicação da lei), a Inspecção Governamental (Provedor de Justiça),20 o Auditor Geral (para probidade financeira), a Polícia do Uganda e, em particular, o Departamento de Investigação Criminal (CID) (para a investigação de infracções penais),22 tribunais (para a pronúncia de sentenças), Parlamento (através do seu papel de supervisão dos

---

[28] Mishra. P.109
[29] Os dois tratados mais importantes em África, a Convenção da União Africana sobre a prevenção e combate à corrupção e delitos conexos (2003, Convenção da UA) e a Convenção das Nações Unidas contra a Corrupção (2003, Convenção da ONU ou UNCAC).
[30] Procurador-Geral, Chefe Interino da Unidade de Fraude, Direcção do Ministério Público, enquanto trabalhava no nono curso de formação internacional sobre controlo da corrupção no sistema de justiça penal. Fonte: RESSOURCE MATERIAL SERIES No. 73

seus comités, em particular o Comité de Contas Públicas (PAC) e o seu poder de repreensão dos ministros), e a Direcção de Ética e Integridade. Na sua conclusão, observa que a corrupção está a aumentar, com os seus efeitos prejudiciais tanto no sector público como no privado. Embora o Uganda tenha um quadro jurídico e institucional para combater a corrupção. Observa que as leis estão a precisar de reforma. Além disso, as autoridades anti-corrupção precisam de estar adequadamente equipadas em termos de formação, financiamento, pessoal e remuneração, e a coordenação entre organismos e agências anti-corrupção precisa de ser melhorada a fim de combater eficazmente a corrupção. Portanto, o possível objectivo deste estudo será uma discussão sobre a nova Lei Anti-Corrupção e a DAC, a fim de descobrir se esta ligação específica com o poder judicial tem sido o factor em falta na luta contra a corrupção, uma vez que é esta instituição que administra todas as conclusões de todas as outras instituições, por exemplo para o IGG, para assegurar que os culpados sejam responsabilizados, devem recorrer aos tribunais.

U4 Expert Answers[31] , argumentam que embora o sucesso das instituições anti-corrupção esteja teoricamente muito dependente da eficácia e cooperação de uma vasta gama de instituições complementares, na prática, estas não estão frequentemente bem ligadas e integradas devido à sua grande diversidade, sobreposição de mandatos, agendas concorrentes, diferentes níveis de independência da influência política e uma falta de clareza institucional geral. Esta revisão bibliográfica é muito relevante, pois no contexto deste estudo preciso de poder determinar se o sucesso da TCA depende de vários outros actores, tais como o governo e outras instituições anti-corrupção.

 Daniel Ruhweza observa que a luta contra a corrupção requer o apoio de todas as agências estatais, incluindo o sistema judicial. Ele observa que, infelizmente, os tribunais regulares são lentos e têm formalidades judiciais pesadas que dificultam a rápida acusação de casos de corrupção. Recomenda que, para ter o efeito desejado, os casos de corrupção sejam julgados sem demora enquanto o caso ainda estiver vivo aos olhos do público, a fim de ter um efeito dissuasor adequado, como também se observa na página 160 do relatório do IGG ao Parlamento de Julho a Dezembro de 2005. Aponta também que é necessário estudar cuidadosamente as

---

[31] Centro de Recursos de Combate à Corrupção em www.u4.no

regras da prova em casos de corrupção, uma vez que é muito difícil prová-las sem margem para dúvidas. [32]Esta revisão bibliográfica é muito importante para este estudo, uma vez que o estudo poderá determinar se as várias preocupações acima referidas são respondidas pelo estabelecimento do DAC.

Metodologia da investigação

A investigação foi de natureza qualitativa para garantir que eu recebesse e analisasse as respostas dos inquiridos à configuração do TCA. A concepção da investigação deve exigir o contacto pessoal com os inquiridos.

Com base num guia de entrevistas, foram realizadas entrevistas aprofundadas com inquiridos especificamente seleccionados, compostos por pessoal da DCRAA e membros de outras instituições tais como o gabinete do IGG, cujo trabalho está intimamente ligado ao objectivo de fundar a DCRAA.

Foram recolhidos dados secundários a partir de documentos tais como investigações de corrupção e casos decididos da TDA. Os dados e informações recolhidos foram categorizados de acordo com as questões e questões investigadas, o que me ajudou a obter uma explicação e análise minuciosas a fim de tirar conclusões.

Resumo dos capítulos propostos para o estudo

Capítulo 1:

Introdução

Este é um capítulo introdutório que explica os antecedentes do estudo, esboça os problemas do estudo, os objectivos, o âmbito, a fundamentação e as questões de investigação a investigar. O capítulo também fornece uma visão geral da literatura relacionada com o estudo.

Capítulo 2:

O que é a corrupção?
Este capítulo contém a definição de corrupção tal como prevista na Lei Anti-Corrupção,

---

[32] Ver Ruhweza p.40.

que foi aprovada pelo Presidente em 2009. Os diferentes tipos ou formas de corrupção são também considerados, e o capítulo conclui com uma análise do estado da corrupção no país.

Capítulo 3:

O contexto jurídico e institucional: o seu impacto na luta contra a corrupção
Este capítulo analisa a eficácia da era pré-ACD e a forma como os tribunais tratam os casos de corrupção. É também discutida uma análise mais aprofundada da eficácia das outras instituições anti-corrupção.

Capítulo 4:

Experiência comparativa: esforços anti-corrupção no Ruanda.
O capítulo trata do Ruanda e da eficácia dos seus esforços na luta contra a corrupção.

Capítulo 5:

Analisar o papel do departamento anti-corrupção.
Este capítulo contém uma descrição do estabelecimento da DAC, destacando as perspectivas desta divisão especial do Supremo Tribunal. Uma análise das lições aprendidas com os esforços do Ruanda para combater a corrupção é aqui discutida. Os vários desafios que o TCA enfrenta são também discutidos em pormenor. O capítulo conclui com uma explicação das várias recomendações e conclusões tiradas das minhas descobertas.

CAPÍTULO DOIS

O QUE É A CORRUPÇÃO?

2.0 Introdução.
O contexto da investigação exige que seja dado significado ao termo corrupção. Isto requer claramente uma investigação das formas mais importantes de corrupção. Neste capítulo, são elaboradas as várias definições de corrupção, em particular a nova definição expansiva no

Tribunal de Contas. Outras definições de diferentes estudiosos e fontes são emprestadas. As classificações de corrupção tais como corrupção política, grande e pequena são também discutidas. Será realizada uma nova discussão sobre o estado da corrupção no Uganda, que creio ter exigido a formação da TCA para assegurar que as tendências corruptas no país sejam contidas. Isto deve-se à razão subjacente de que a corrupção está a aumentar e o potencial para reduzir a sua ocorrência requer esforços adicionais.

2.1 Corrupção definida.

Corrupção é uma palavra utilizada para todas essas comissões e omissões que são ilegais ou antiéticas.[33] O Dicionário de Direito dos Negros define a corrupção como um acto ilegal, como a intenção maliciosa e fraudulenta de contornar as proibições da lei, como algo que viola a lei ou é proibido por lei, como a torpeza moral, ou como o oposto exacto da honestidade, que envolve o desrespeito deliberado da lei por motivos impróprios. [34]As Instruções Práticas do Supremo Tribunal (ACD), 2009, declaram na secção sobre interpretação que a corrupção tem o mesmo significado que o definido pelo Tribunal de Contas. [35]

O Tribunal de Contas define a infracção penal de corrupção na segunda parte da lei. Em particular, a Secção 2 define a infracção penal de corrupção como incluindo os seguintes actos

- a solicitação ou aceitação directa ou indirecta por um funcionário público de bens de valor monetário ou benefícios tais como um presente para si próprio ou para outra pessoa ou entidade em troca de um acto ou omissão no exercício das suas funções públicas;
- oferecer ou dar, directa ou indirectamente, um presente em dinheiro ou qualquer outro benefício financeiro, tal como um presente a um funcionário público, para si próprio ou para outra pessoa ou entidade, em troca de qualquer acto ou omissão no desempenho

---

[33] Siehe http://www.answers.com/topic/political-corruption.
[34] Encyclopedia of Black Law, 4ª edição, c. 414.
[35] Parágrafo 2 do Aviso Legal n.º 9 de 2009.

das suas funções públicas;

- o desvio ou utilização por um funcionário público de bens móveis ou imóveis, fundos ou títulos pertencentes ao Estado, a um organismo independente ou a um indivíduo para fins não relacionados com aqueles a que se destinam, em seu próprio benefício ou em benefício de terceiros, que esse funcionário tenha recebido em virtude do seu cargo para efeitos de administração, guarda ou outros motivos
- oferecer ou dar, prometer, solicitar ou aceitar, directa ou indirectamente, uma vantagem indevida a ou por qualquer pessoa agindo a qualquer título para uma entidade do sector privado, para si própria ou para outra pessoa, a fim de que esta última aja ou se abstenha de agir em violação dos seus deveres
- a oferta directa ou indirecta, dando, exigindo ou aceitando uma vantagem indevida a ou por qualquer pessoa que alegue ou confirme estar em posição de exercer uma influência indevida no processo de decisão de qualquer pessoa que opere no sector público ou privado, quer essa pessoa esteja ou não em posição de exercer tal influência se a vantagem indevida se destina a si próprio ou a outra pessoa, bem como a oferecer, conceder, exigir ou aceitar a oferta ou promessa da vantagem, tendo em conta essa influência, quer a alegada influência conduza ou não ao resultado pretendido
- a aquisição, utilização ou ocultação fraudulenta de bens derivados de qualquer dos actos referidos na presente secção;
- participação como entidade adjudicante, co-contratante, agente, instigador, cúmplice ou assistente na comissão ou tentativa de comissão, ou cooperação ou conspiração para cometer qualquer dos actos referidos na presente secção, seja com visão a posteriori ou de outra forma;
- qualquer acto ou omissão de um funcionário público no exercício das suas funções com o objectivo de obter uma vantagem indevida para si próprio ou para terceiros; ou
- Negligência do dever.

Contudo, a infracção não se limita à definição acima referida e foi alargada na lei actual a: transacções corruptas com agentes[36] , corretagem corrupta de

37i3839

---

[36] Ver Secção 3 da ACA

concurso[37] , suborno de um funcionário público [38], desvio de fundos públicos[39] , influência
cici/'l /41 rn c'r[40] /"/Ai'ifl i /'+ nF ᵥ'I'fcivci ₍ₒₐ₎ 1/лсс /'4'Ртм1 1л1ю тлт'/лтл/сстИ'л c[42] c c o o ᵣₘ
1 c ci ci Г* сл тлт/c'ci [43]od/'firi'i ii 1 cm [44]peddling , conflito de interesses , perda de
propriedade pública , aouse oi oiiice , sectarismo , nepotismo[45] [46], juramento não autorizado ,
falsa pretensão de cargo[47] ,

/vffioore [48]owh^^vlompinf[49]   1глсс [50]

Personificação de funcionários públicos, desvio de fundos, causando perdas financeiras,

alienação fraudulenta de bens fiduciários[51], falsa contabilidade por um funcionário público[52],

falsa contabilidade fraudulenta[53], falsas reivindicações por funcionários públicos [54]e falsas

certificações de funcionários públicos. [55]

2.2 Formas de corrupção.

Nas palavras de Ibrahim Shihata, o General do Banco Mundial (como era então), que

descreveu a natureza da corrupção, disse [56],

"A corrupção ocorre quando uma função, oficial ou privada, requer a atribuição de

benefícios ou a prestação de serviços. Em todos os casos, uma posição de confiança é

explorada de modo a obter lucros privados que vão para além do que o titular do emprego

tem direito. É também feita uma tentativa de influenciar o titular do cargo pagando subornos

ou trocando benefícios ou favores a fim de obter um lucro ou tratamento especial que não

esteja disponível para outros, mesmo que o lucro associado não seja ilegal ao abrigo de

---

[37] Ver Secção 4 do Tribunal de Contas.
[38] Ver Secção 5 do Tribunal de Contas.
[39] Ver Secção 6 do Tribunal de Contas.
[40] Ver Secção 8 do Tribunal de Contas.
[41] Ver Secção 9 do Tribunal de Contas.
[42] Ver Secção 10 do Tribunal de Contas.
[43] Ver Secção 11 do Tribunal de Contas.
[44] Ver parágrafo 12 do Tribunal de Contas.
[45] Ver parágrafo 13 do Tribunal de Contas.
[46] Ver parágrafo 15 do Tribunal de Contas.
[47] Ver o parágrafo 16 do Tribunal de Contas.
[48] Ver parágrafo 17 do Tribunal de Contas.
[49] Ver parágrafo 19 do Tribunal de Contas.
[50] Ver parágrafo 20 do Tribunal de Contas.
[51] Ver parágrafo 21 do Tribunal de Contas.
[52] Ver parágrafo 22 do Tribunal de Contas.
[53] Ver parágrafo 23 do Tribunal de Contas.
[54] Ver parágrafo 24 do Tribunal de Contas.
[55] Ver parágrafo 25 do Tribunal de Contas.
[56] Jenny Pope, "Helping Countries Combat Corruption, the role of the World Bank, 1997, Weltbankbericht mit
14.

qualquer lei aplicável. "

Jenny Pope[57] , categorizou a corrupção em dois grupos principais: corrupção "grande e pequena" e corrupção "activa e passiva". Estes são claramente explicados abaixo:

2.2.1 Corrupção "grande e pequena".

A corrupção grave é a forma que permeia os níveis mais elevados do governo nacional e leva a uma erosão generalizada da confiança na boa governação, no Estado de direito e na estabilidade económica. [58]A pequena corrupção envolve a troca de muito pequenas somas de dinheiro, a concessão de pequenos favores por aqueles que procuram tratamento preferencial, ou o emprego de amigos e parentes em posições mais pequenas. [59]

Na minha opinião, a diferença mais crítica entre corrupção em grande e pequena escala é que a primeira envolve a distorção das funções do governo central, enquanto a segunda se desenvolve e existe dentro das estruturas estabelecidas do governo e da sociedade.

2.2.2 Corrupção "activa e passiva".

Estes dois aspectos acima mencionados são melhor compreendidos da perspectiva do direito penal, onde os termos podem ser utilizados para distinguir entre um acto de corrupção específico e uma tentativa ou acto de corrupção incompleto. Por exemplo, a corrupção "activa" incluiria todos os casos em que o pagamento e a aceitação de subornos tenha tido lugar. Não inclui casos ou casos em que um suborno é oferecido mas não aceite ou solicitado mas não pago.

Contudo, deve reconhecer-se que a corrupção não se limita a estas duas amplas formas, de modo que uma discussão das outras formas conduz claramente a uma melhor compreensão do que é realmente a corrupção:

---

[57] Jenny Pope, Sharpening Responses Against Global Corruption- Transparency International (TI) 996 TI News letter at 97.

[58] Rose-Ackerman, S, "Democracia e Grande Corrupção" UNESCO. 1996 (ISSI 149/1996) a 321.

[59]Vision Reporter, "Ministério da Educação torna-se um assunto familiar". Sunday Vision 6 de Dezembro de 2009, a 1.

2.2.3 Suborno.

O suborno é a concessão de uma vantagem a fim de influenciar indevidamente um acto ou decisão. Pode ser iniciado por uma pessoa que solicita ou exige um suborno, ou por uma pessoa que oferece e depois paga um suborno. O "benefício" de um suborno pode ser qualquer incentivo, tal como dinheiro e valores, obtenção de informação privilegiada, emprego ou a mera promessa de indução. O benefício pode ser transmitido directa ou indirectamente à pessoa subornada ou a um terceiro, como um amigo ou parceiro. A conduta pela qual o suborno é pago pode ser activa, tal como o exercício de influência administrativa ou política, ou pode ser passiva, tal como ignorar uma infracção ou obrigação.

Os subornos são frequentemente pagos caso a caso ou como parte de uma relação duradoura em que um funcionário recebe benefícios regulares em troca de favores regulares. O suborno no sector público destina-se principalmente àqueles com poderes de decisão ou àqueles que tomam medidas que afectam outros, e inclui políticos, agentes da lei, procuradores e inspectores. Os tipos específicos de suborno incluem

- Influência na venda, onde os funcionários dentro da autoridade vendem privilégios adquiridos unicamente pelo seu estatuto público. Por exemplo, acesso ou influência na tomada de decisões governamentais.
- Oferta ou recebimento de presentes impróprios, benefícios, comissões
- Suborno para evitar a obrigação fiscal principalmente através de agências de cobrança de impostos. Aqui podem ser obrigados a reduzir ou eliminar impostos ou outras receitas devidas, ocultar ou ignorar as provas de infracções, ignorar importações ou exportações ilegais e facilitar transacções ilegais, tais como lavagem de dinheiro.
- O suborno em apoio à fraude, como por exemplo, os funcionários assalariados podem ser subornados para participar em abusos na listagem e pagamento de empregados inexistentes (trabalhadores fantasmas). [60]
- Suborno a fim de evitar a responsabilidade criminal de agentes da lei, procuradores e juízes, para assegurar que as actividades criminosas não sejam investigadas ou processadas, ou se forem processadas, para assegurar um resultado favorável.

---

[60] S.Nabakooza, "o Brigadeiro Henry Tumukunde acusou o Brigadeiro-General Henry Tumukunde de criar "soldados fantasmas" entre 2000 e 2002, o que resultou na perda de mais de 120 milhões de xelins". Diga "não! On Corruption; Selected Essays on Corruption and Good Governance", UDN aos 19 anos de idade.

O suborno é também definido na Secção 5 da ACA.

2.2.4 Desfalque, roubo e fraude.

Todos eles envolvem a recepção ou conversão de dinheiro, propriedade ou valores por uma pessoa que não tem direito a eles mas que tem acesso a eles em virtude do seu estatuto. Em particular, a apropriação indevida e o roubo em ligação com bens ocorre quando os bens são retirados a alguém a quem são confiados. A fraude consiste na utilização de informações falsas ou enganosas para induzir o proprietário do imóvel a desistir voluntariamente do mesmo. Por exemplo, um funcionário que recebe e vende parte de uma doação de ajuda cometeria furto ou desfalque, enquanto um funcionário que faz com que uma organização de ajuda forneça ajuda em excesso, deturpando o número de pessoas necessitadas, cometeria fraude.

Contudo, é de notar que o "roubo" em si vai muito além do domínio da corrupção, incluindo o roubo de propriedade por uma pessoa que não tem direito a ela. É por isso que o termo "apropriação indevida" é frequentemente utilizado em casos de corrupção, que envolve essencialmente o roubo de propriedade por uma pessoa a quem foi confiada. Por definição legal, o roubo está também limitado ao roubo de objectos materiais, tais como bens ou dinheiro. [61]Mas o desfalque é agora definido de acordo com a Secção 19 da ACA.

2.2.5 Chantagem.

Isto inclui o recurso à coerção, como o uso ou ameaça de força ou a divulgação de informações nocivas, a fim de promover a cooperação, uma vez que este é o principal objectivo desta forma de corrupção. [62]Esta forma está relacionada com o suborno, mas o suborno é aqui categorizado como extorsão. Normalmente, os funcionários que são capazes de iniciar ou executar uma acção ou punição criminal utilizam frequentemente a ameaça de acusação como base para chantagem.

2.2.6 Uso indevido de discrição ou autoridade.

Trata-se de usar o poder dado a um indivíduo para sua vantagem pessoal. Por exemplo, um

---

[61] Ver Secção 253 da Lei do Código Penal Cap 120, tal como alterada.
[62] Ver Secção 291 do Código Penal.

funcionário público responsável pela adjudicação de contratos governamentais pode, a seu critério, adquirir bens e serviços a uma empresa em que tenha uma participação pessoal. Isto também está legalmente definido na Secção 11 da ACA.

2.2.7 Favouritismo, nepotismo e sectarismo.

Tais abusos não são regulados pelo interesse próprio de um funcionário, mas pelos interesses de uma pessoa ligada a ele pela sua família[63], tribo ou religião.

O nepotismo é particularmente reforçado pelo facto de os funcionários públicos terem de se aliviar do fardo dos cuidados pessoais dos seus dependentes, empregando-os para que possam cuidar de si próprios.[64] O sectarismo existe quando uma pessoa, enquanto ocupa um cargo, comete um acto relacionado com o cargo com o objectivo de fazer um favor ou oferecer uma vantagem indevida a uma pessoa com base na sua religião ou seita, grupo étnico ou local de origem. [65]

2.2.8 Corrupção burocrática.

Isto deve-se geralmente aos complexos procedimentos regulamentares e burocráticos envolvidos nas operações governamentais. De acordo com o World Bank-IFC Enterprise Survey, mais de metade das empresas do Uganda esperam fazer pagamentos informais a funcionários públicos, 80% das empresas afirmam pagar subornos e fazem uma média de mais de trinta pagamentos não-oficiais por ano. Falando numa conferência de imprensa, Tamale Mirundi disse que alguns ministros têm o hábito de pedir subornos a não cidadãos antes de aprovarem as suas propostas de investimento, o que dificulta a entrada de capital e a criação de emprego. [66][67]Esta forma de corrupção é utilizada para acelerar processos burocráticos que normalmente demoram muito tempo, particularmente a obtenção de licenças e o desalfandegamento.

2.2.9 Contribuições políticas inapropriadas e corrupção política.

James Wolfensohn explicou ao identificar o que constitui corrupção política;

---

[63] ibidem. Nota 3

[64] Lillian Nsubuga, "An overview of the extent of abuse and misuseuse of public office and resources in Uganda since 1986". UDN, 41 anos de idade. Ver também a definição legal na Secção 13 da ACA.

[65] ibidem. Nota 12

[66] http://www.enterprisesurveys.org.

[67] Kasasira.R & Butagira. T, 'Mirundi: Os ministros do Uganda são corruptos. Daily Monitor, 29 de Julho de 2009, às 4:00 da manhã.

"Depois foi-me dito que havia uma palavra que não podia usar, a palavra 'C', sendo a palavra 'C' 'corrupção'. A corrupção, como podem ver, foi identificada com a política, e se eu me envolvesse nisso, teria um momento terrível com o meu conselho de administração". [68]

Esta afirmação era de facto verdadeira, pois o Sr. Wolfensohn perdeu o seu emprego no Banco Mundial após ter sido descoberto que tinha influenciado o tratamento preferencial da sua namorada no trabalho.

Na minha opinião, é difícil distinguir entre contribuições legítimas para organizações políticas e pagamentos efectuados numa tentativa de influenciar indevidamente as actividades presentes ou futuras de um partido ou dos seus membros, uma vez no poder. Uma doação feita porque o doador apoia o partido e quer aumentar a sua popularidade não é corrupta, mas uma doação feita com a intenção ou expectativa de que o partido, uma vez no poder, favoreça os interesses do doador em detrimento dos do público é o mesmo que um suborno.

2.3 O estado de corrupção no Uganda.

Após a chegada ao poder do governo NRM em 1986, a corrupção foi vista como um mal herdado de governos passados, um obstáculo ao progresso e que precisava de ser combatido como uma prioridade. A fim de demonstrar a seriedade do seu governo na dissuasão de práticas corruptas, o Presidente Museveni assumiu um compromisso no seu Programa de Dez Pontos, que o (então) novo governo estabeleceu no seu Programa de Dez Pontos:

... Uma vez que a África é um continente que nunca lhe faltam problemas, também tem o problema da corrupção, especialmente suborno e abuso de cargos ao serviço de interesses pessoais. A corrupção é de facto um problema que pertence ao problema das distorções estruturais ... [69]

Mas mesmo com tais sinais, a corrupção continua a ser um obstáculo importante para o progresso do Estado. Nas palavras do actual IGG, Raphael Baku, apresentando o relatório do Estudo de Integridade Nacional de 2008, afirmou: "O público aceitou a corrupção como um

---

[68] http://go.worldbank.org/FOMIZVENCo.

[69] Ver Museveni 1985, Selected Articles on the War of Resistance in Uganda, NRM Publication Colour Print Nairobi, Quénia, c. 68.

modo de vida..."[69][70] O país continua a registar pontuações elevadas e, por conseguinte, está em baixa entre os estados dentro dos indicadores de governação. A maioria dos cidadãos inquiridos para o Afro-Barómetro 2005 sentiu a corrupção como uma corrupção desenfreada. Além disso, 36% dos inquiridos sentiram que a maioria ou todos os funcionários governamentais, quer a nível central ou local, estavam envolvidos em corrupção. [71]Em 2005, quando o Índice TI foi introduzido pela primeira vez, o Uganda classificou-se em 27º lugar entre 75 países em termos de corrupção. [72]O relatório de 2006 da Global Integrity sobre o país estimava que todos os anos mais de metade do orçamento anual do governo era perdido por corrupção, ascendendo a 250 milhões de dólares. [73]

No inquérito conduzido pelo Fundo de Paz, a maioria dos inquiridos (42,4%) afirmou que a corrupção era a causa mais crítica do colapso do Estado, seguida pela falta de educação básica, ódio de grupo e, finalmente, pobreza.[74] O relatório da TI publicado em 2007 classifica o Uganda em 130º lugar entre os mais corruptos de 163 países no seu Índice de Percepções Globais de Corrupção.[75] Em 2008, o relatório da TI relatou que o Uganda tinha deslizado do 111º lugar para o 126º lugar num total de 180 países inquiridos.[76] Além disso, o Banco Mundial estima as perdas anuais do Uganda em cerca de 300 milhões de dólares (510 mil milhões de xelins).[77] No inquérito TI do índice internacional de percepção da corrupção publicado em 2009, o Uganda classificou-se em 130º lugar num total de 180 países. Note-se, contudo, que tal classificação se baseia na percepção do nível de corrupção no sector público. Esta posição é quatro lugares abaixo da posição do Uganda no ano passado e 28 lugares abaixo da posição de 2004.

Do acima exposto deve ficar claro que tem havido muitos escândalos de corrupção no período de 2007 até aos dias de hoje e que, na minha opinião, as quantidades de dinheiro roubado estão também a aumentar. Tendo em conta os actuais acontecimentos em torno das

[70] F.Mugerwa, "O governo inteiro é corrupto, diz IGG," Daily Monitor, 16 de Dezembro de 2009, às 8 horas

[71] http://www. afrobarometer. org/uganda.htm
[72] http://www. newvision. co.ug/d/8/20/598219.
[73] http://www. integridade global. org/reports/2006/uganda/index. cfm
[74] Opoya Oloya, "Os mais pobres dos pobres vivem na Commonwealth". A Nova Visão; 20 de Novembro de 2007.
[75] http://www. nationmaster. com/grah/gov cor-government-Korruption.
[76] Dan Wanyama & Tom Magumba, "O Uganda ocupa 15 lugares no ranking da corrupção". The Daily Monitor, 25 de Setembro de 2008 por 6 lugares.
[77] "Mais dinheiro do que toda a ajuda foi desviado, diz Nsaba Buturo", The Weekly Observer; 14 Fev. 2008   .

investigações da CHOGM, é possível que o país continue a crescer nos próximos anos.

Deve notar-se que tais inquéritos são tão importantes porque indicam a extensão da prevalência da corrupção no país, mas deve notar-se que, na minha opinião, há uma falta de métodos para calcular tais dados. Estes inquéritos são realizados apenas entre poucos nacionais e normalmente só abrangem a corrupção em cargos públicos, mas existem altas taxas de tendências corruptas no sector privado. [78]Mesmo assim, a corrupção está hoje mais disseminada do que no passado [79]e os níveis apresentados por tais inquéritos são, na minha opinião, uma subestimação do nível de propagação do vício no país.

2.4 Conclusão.

Decorre do acima exposto que a corrupção é vista principalmente em ligação com a corrupção política e a corrupção de funcionários públicos. No entanto, deve entender-se que a corrupção é um acto complexo, que é um crime de cálculo e não de paixão, como observado por Klitgaard. Se tais inquéritos sobre corrupção incluíssem formas de ajuda e cumplicidade na corrupção, creio que os resultados teriam um resultado diferente se os países considerados como menos corruptos descessem na lista porque são os principais perpetradores de tais actos ilegais. [80][81]Patrick Smith, por exemplo, estima que a venda ilegal de armas ligeiras aos países em desenvolvimento não é inferior a mil milhões de dólares e que a Nigéria está a perder pelo menos 100.000 barris de petróleo bruto por dia através de carregamentos ilegais e secretos. Estas companhias de navegação estão localizadas em Amesterdão (Países Baixos) e Zug (Suíça). [82]

Por conseguinte, a corrupção não deve ser interpretada de forma tão restrita, pois manifesta-se claramente em empresas privadas e em muitos outros cenários que não estão sequer relacionados com funcionários públicos. Mas não se deve esquecer que as formas mais importantes e generalizadas de corrupção ocorrem em cargos públicos, onde os funcionários

---

Ver Ruhweza 2008, Frustrado ou frustrado? O IGG e a questão da corrupção política no Uganda. Documento de trabalho HURIPEC 2008, p. 6.

[79] The Fight against Corruption in Uganda: Is the Government Starting to Bite", UDN, Research Report, apresentado a 9 de Dezembro de 2009, a 4 de Dezembro de 2009.

[80] Ver Klitgaard (1998) com menos de 46 anos.

[81] Ver Relatório TI 2008, que classifica a   Suíça e os Países Baixos em   7º e 9º lugar num total de 180 países

[82] O outro lado da corrupção: a Rede do Terceiro Mundo, a nova visão sábado, 17 de Fevereiro de 2007.

utilizam o seu estatuto para proveito privado e não para benefício do público em geral. [83]

Além disso, os titulares de cargos públicos ocupam cargos de confiança, são empregados a expensas públicas e em benefício do público em geral. Devem agir sempre no interesse público, porque esta doutrina está no centro de um serviço público responsável e porque têm um contrato social com as pessoas cujos poderes exercem em virtude do seu gozo de contacto social. Nas palavras de Kees:

"...em qualquer sistema de governo, e particularmente na administração pública, há muito que se espera que os funcionários públicos que tomam decisões ou exercem autoridade em nome do governo, ou que prestam aconselhamento político ao governo que possa afectar o bem-estar, os direitos ou os direitos da comunidade e dos indivíduos, estejam sujeitos a uma obrigação ética de assegurar que os recursos que lhes são confiados não sejam desperdiçados ou abusados. " [84]

Contudo, as estatísticas acima mencionadas mostram que os nossos líderes abusaram do contrato social, mas como Kees observou, isto deve ser respeitado. Isto leva-me portanto a ir mais longe e a analisar como funciona o quadro jurídico e como as instituições que existiam antes da criação da TCA cumpriam o seu mandato para refrear a corrupção.

CAPÍTULO TRÊS

O CONTEXTO JURÍDICO E INSTITUCIONAL: O SEU IMPACTO NA LUTA CONTRA A CORRUPÇÃO

3.0 Introdução.
disse o Coronel Mushega durante uma entrevista;

"O quadro legal e as instituições de supervisão estabelecidas para controlar a conduta de funcionários públicos tais como o Provedor de Justiça, o Auditor Geral, a Comissão

---

[83] Ver Evelyn Lirri: "Um relatório encomendado pelo Ministério da Água e Ambiente mostrou que cerca de 51 mil milhões de xelins se perdem devido à corrupção. Monitor de sábado, 31 de Outubro de 2009, às 10 horas, e ver também D. Buregyeya: "RDC queixa-se de alta taxa de corrupção". Nova Visão, 8 de Dezembro de 2009, às 7 horas da manhã.

[84] Kees Kouwennar, "Hierarquia das necessidades no desenvolvimento do Estado de direito" em "Aplicação da 'abordagem sectorial' ao campo jurídico e judicial". Protocolo da Conferência sobre o 20° aniversário do CILC, Haia, 22 de Novembro de 2005.

Parlamentar de Auditoria e o Ministério Público são ineficazes. E em tal ambiente, a corrupção continua sem diminuir porque o dinheiro público é desviado, sabendo muito bem que o mecanismo de acusação não irá muito longe nas suas investigações. " [85]

Do acima exposto resulta que a existência de leis e instituições que impedem a corrupção não significa necessariamente que a sociedade esteja na realidade livre de corrupção. Este capítulo tenta examinar a história do quadro jurídico contra a corrupção perante o Tribunal de Contas e as várias instituições que foram criadas, a fim de descobrir se cumpriram ou não o seu mandato, o que, em caso afirmativo, exigiu a criação da DAC.

3.1 O quadro legal.

3.1.1 Instrumentos internacionais e regionais.

O Uganda assinou e ratificou a Convenção da União Africana sobre a prevenção e combate à corrupção e delitos conexos (2003) e a Convenção das Nações Unidas contra a Corrupção (2003), mas estas ainda não foram transpostas para a legislação ugandesa para serem eficazes. A última Convenção contém disposições importantes que são particularmente úteis na investigação de tendências corruptas. O artigo 46º da Convenção obriga os Estados Partes na Convenção a prestarem-se mutuamente a mais alta medida de assistência jurídica mútua em investigações, processos judiciais e processos judiciais relacionados com delitos relacionados com a corrupção abrangidos pela Convenção. Actualmente, não existe nenhuma lei no Uganda que preveja essa assistência jurídica mútua em investigações e processos judiciais. É evidente que instituições como a IG não podem investigar para além das fronteiras do Uganda, o que significa que mesmo os líderes que escondem os seus bens ilegais no estrangeiro não podem ser compensados.

As únicas leis disponíveis sobre procedimentos judiciais mútuos só prevêem a cooperação em processos civis, mas a maioria dos casos de corrupção são de natureza criminal. [86] Esta lacuna na lei limita assim a luta contra a corrupção ao ponto de não se estender para além das fronteiras do Uganda e, em última análise, permite que a riqueza ilegal seja escondida no estrangeiro.

---

[85] Mwesigye.S & Nganda Ibrahim, 'Coronel Mushega apunhala NRM sobre corrupção. O observador semanal, 2-8 de Outubro de 2008.
[86] Relatório Anual da UDN, 2008, p.21

Resulta do acima exposto que, embora existam medidas legislativas importantes, estas têm estratégias de implementação e mecanismos de execução fracos. [87]Há, portanto, uma necessidade urgente de reforçar as deficiências, e estas devem incluir medidas de protecção de testemunhas ao abrigo do artigo 33º da Convenção das Nações Unidas de 2003 para a Prevenção e Combate à Corrupção, protecção contra o tratamento injustificado de pessoas que se apresentem de boa fé e com motivos razoáveis às autoridades competentes e de factos ou actos de corrupção[88] , sanções penais severas e sanções e apreensão e confisco dos bens da pessoa condenada na LCA. Para alcançar grandes resultados na luta contra comportamentos inadequados na sociedade, a legislação contra o branqueamento de capitais, a legislação contra o cibercrime e a Lei de Protecção de Denúncias (2008) devem ser consideradas uma prioridade máxima pelos nossos legisladores. Há também uma necessidade urgente de desenvolver medidas legislativas e outras medidas mais abrangentes para desenvolver a cooperação internacional, a fim de assegurar que os funcionários corruptos que procuram asilo após uma implicação sejam devolvidos em segurança para serem responsabilizados pelas suas acções ilícitas.

3.2 Perspectiva interna.

Desde o início, deve ser salientado que o país tem um quadro jurídico forte para combater a corrupção. Estas importantes leis anti-corrupção incluem a Lei do Código Penal Cap 120, a Lei da Inspecção Governamental 2002, a Lei das Finanças Públicas e da Responsabilidade 2003, a Lei do Código de Gestão 2002, a Lei dos Contratos Públicos e Venda de Bens Públicos 2003, a Lei da Auditoria Nacional 2008, o Regulamento Financeiro e Contabilístico do Governo Local 2007 e a Lei do Acesso à Informação 2005.

Durante muito tempo, a legislação mais importante em matéria de corrupção foi a "Lei de Prevenção da Corrupção" de 1970 (cap121), que definiu a corrupção como um delito penal ao abrigo do qual um funcionário público corrupto pede ou aceita receber uma recompensa como incentivo ou recompensa por fazer ou abster-se de fazer algo que o funcionário público é obrigado a fazer. Tanto o funcionário como a outra parte envolvida foram tratados como

---

[87] ibidem. Nota 2 a 44.
[88] Ver também o artigo 5(6) da Convenção da União Africana de 2003 sobre a Prevenção e Combate à Corrupção.

perpetradores e punidos com penas de até dez anos de prisão.

Contudo, uma vez que esta lei limitou a corrupção principalmente ao suborno e ao envolvimento de funcionários públicos, foi posteriormente alterada pela Lei Anti-Corrupção de 2008. Uma melhor discussão sobre a eficácia desta lei será abordada numa fase posterior.

3.2.1 O Código de Liderança Act 2002.

A lei deve estabelecer um mecanismo de aplicação eficaz para assegurar que os líderes cumpram as normas mínimas de comportamento e conduta estabelecidas no Código. Deve também promover a responsabilização e prevenir a corrupção através de uma melhor detecção de lucros ilícitos. Na minha opinião, a Lei contém disposições sólidas, tais como a Secção 3(3), permitindo ao IGG delegar qualquer uma das funções, o que se destinava a resolver o problema de pessoal que o IGG enfrentaria na implementação do Código. Contudo, existem também algumas falhas, como na Secção 7, onde o conteúdo de uma declaração feita ao abrigo do Código é disponibilizado aos membros do público. No entanto, deve ser feito um pedido ao IGG de uma forma prescrita antes de se poder ter acesso à declaração específica. Isto é particularmente contrário ao artigo 41 da Constituição, que prevê o acesso às informações na posse do Estado ou de outra autoridade. O acesso à informação na administração pública destina-se a assegurar o mais alto grau de transparência possível. Esta abertura destina-se a promover a boa governação, uma vez que envolve um escrutínio público constante e pressupõe que estas autoridades sejam consideradas responsáveis pela má administração, a fim de alcançar uma melhor gestão financeira e prestação de serviços aos cidadãos. [89]

Isto torna difícil para o público ajudar o IGG, porque o que poderia ter sido explicado poderia ser falsas declarações. Na minha opinião, a informação sobre os bens e rendimentos dos executivos não é informação para a qual uma pessoa tenha de preencher qualquer formulário, uma vez que o IGG não é obrigado a revelar a quem e porquê a informação foi dada. Em todos os casos, o IGG é mandatado para verificar a exactidão da informação antes de esta ser utilizada para contradizer a informação fornecida pelo líder. Isto levou o pessoal do IGG a fazer perguntas sobre a propriedade dos bens declarados pelos líderes, mas o processo deve

---

[89] Louise.K.Boserup et al, 'Uma introdução à abertura e acesso à informação'. Instituto Dinamarquês dos Direitos Humanos, Copenhaga, Maio-Novembro de 2005 às 36h00.

ser aberto.[90] Isto destrói a abertura pretendida pela disposição. A Secção 3 confere ao IGG o poder de investigar e investigar por sua própria iniciativa, ou de mandar realizar uma investigação, mas em particular a Secção 3(1)(d) exige que tais investigações sejam conduzidas de acordo com os regulamentos emitidos pelo Ministro. Até à data, porém, o IGG não conseguiu aplicar eficazmente esta secção, uma vez que as disposições necessárias nunca foram promulgadas. Isto mostra claramente que, devido a algumas das deficiências acima mencionadas, o objectivo da ACV está longe de ser alcançado.

3.3 A estrutura institucional.

Estas instituições-chave anti-corrupção têm a tarefa de quebrar o círculo vicioso do declínio económico e da corrupção e de agir como um meio de orientar a responsabilidade pública. Estas instituições incluem o Gabinete do Auditor Geral, a Comissão das Finanças Públicas e a Inspecção Governamental. Mas mesmo com a sua existência, o nível de corrupção aumentou e, portanto, olhando para a estrutura destas instituições e para os problemas que encontraram, penso que a necessidade de criar a TCA se tornou clara.

3.3.1 O Gabinete do Auditor Geral.

As tarefas e responsabilidades do Gabinete são definidas nos artigos 154º e 163º da Constituição de 1995, que incluem o controlo das retiradas de fundos públicos e a auditoria das contas públicas da República do Uganda. O primeiro papel obriga a OAG a assegurar que nenhum dinheiro seja retirado dos fundos públicos sem o consentimento do Parlamento. A função de auditoria exige que a OAG faça auditorias e relatórios sobre as contas públicas do Uganda e todos os gabinetes públicos, incluindo tribunais, governos locais, universidades públicas, empresas públicas, agências para-estatais e organizações estabelecidas por uma lei do Parlamento. Vale a pena notar que este gabinete demonstrou a sua credibilidade e autoridade através dos vários relatórios que foram preparados e submetidos ao Parlamento. O Gabinete melhorou os seus serviços e recuperou os atrasos, especialmente na administração local inferior, como em 2005/2006, quando 897 unidades de contas foram encerradas e em

---

[90] The Leadership Code Act, 2002: "A review of its implementation mechanism". UDN, Setembro de 2008, a 22

2006/2007, 902 unidades de contas foram liquidadas. [91]

Contudo, mesmo que o Gabinete faça um trabalho tão louvável sobre os resultados das auditorias, existe uma falta geral de acompanhamento por parte das comissões parlamentares de supervisão dos resultados das auditorias. Esta falta de resposta, principalmente por parte do PAC na auditoria dos relatórios de auditoria da OAG, limita severamente os esforços de luta contra a corrupção. Isto deve-se ao facto de as acções de acompanhamento exigidas por autoridades como a Inspecção Governamental e o CID da polícia não serem frequentemente tomadas porque o PAC ainda não cumpriu os seus deveres. Estes longos atrasos também dão tempo para que os relatórios de auditoria percam a sua relevância, para que as anomalias sejam ocultadas e para que as provas sejam destruídas. Por exemplo, foram necessários dois anos para que o relatório de auditoria da CHOGM fosse tido em conta pelo PAC. Além disso, o PAC não tem autoridade para responder a quaisquer conclusões e as suas recomendações são transmitidas através do Departamento do Tesouro, que identifica outros estrangulamentos. Como o Auditor Geral observou, os esforços da OAG precisam de ser complementados por acções e reacções positivas do executivo governamental. [92]

Embora estes relatórios de auditoria sejam produzidos pela OAG, muitos beneficiários de auditoria não sabem como interpretar e responder ao significado prático e legal dos relatórios de auditoria técnica.[93] Este é particularmente o caso a nível das administrações locais e distritais, razão pela qual muitos dos relatórios da OAG não são tidos em conta pelas instituições e organismos beneficiários. Esta inacção a estes níveis inferiores da administração aumentou o nível de corrupção. [94]

3.3.2 Direcção do Ministério Público.
O mandato do DPP está contido no Artigo 120 da Constituição, que autoriza o DPP a ajudar

---

[91] Makanga Chris, Auditor Principal Sénior no escritório do AG, na conferência de 15 de Dezembro de 2009 no Hotel Imperial Royale, Kampala.

[92] Programa Limiar de Anti-Corrupção do País: Reforço das Capacidades Anti-Corrupção no Uganda - Revisão da Conclusão do Projecto. Comentários finais do Auditor Geral na conferência no Hotel Imperial Royale a 15 de Dezembro de 2009.

[93] Governo do Uganda: Corporação Desafio do Milénio, Plano do País Limiar Anti-Corrupção (TCP) Julho de 2006 a 17 de Julho de 2006.

[94] Ibid. a 5, onde o Relatório de Avaliação de Compras por País do Banco Mundial constatou que se perdem $300 por ano a nível distrital devido a erros de compra.

nas investigações e a iniciar procedimentos criminais por qualquer alegada violação da lei ugandesa. O DPP tem poderes para investigar e processar casos de corrupção e suborno[95], e a Direcção está incumbida das seguintes tarefas: *"Prevenção", que* aumenta a sensibilização do público para a corrupção e mudanças nas atitudes do público face a práticas corruptas; concepção e implementação de campanhas anticorrupção[96]; investigação e erradicação de áreas de corrupção nos sistemas administrativos governamentais; e recolha e análise de dados sobre corrupção. *"Investigação"*, isto inclui o controlo de todas as investigações preliminares em todas as áreas políticas e a Direcção pode instruir a polícia para investigar qualquer informação de natureza criminal. *"Acusação", isto* significa o início de um processo penal contra uma pessoa perante qualquer tribunal, com excepção de um tribunal marcial. Isto é tratado pelo Esquadrão Nacional de Fraudes.

No entanto, os casos tratados por este gabinete foram, na minha opinião, imperfeitos, o que atrasou grandemente os esforços para refrear as tendências corruptas. Por exemplo, em 2009, em [3 de] Dezembro de 2009, foram registados 26.879 casos de corrupção, mas apenas 20 investigações foram encerradas, apenas 60 investigações estão ainda em curso e apenas 5 casos foram processados em tribunal.[97] Embora se deva reconhecer que o número de casos de corrupção registados aumentou porque foram notificados 26.736 casos em 2008, é certo que nos perguntamos onde é que um tal atraso poderá alguma vez ser reduzido. O que aconteceu a todos os outros casos relatados permanece também um mistério.

Além disso, a falta de pessoal adequadamente formado e de tecnologia suficiente tem dificultado gravemente o trabalho do Gabinete. O esquadrão de fraude DPP tem apenas dez computadores portáteis, 16 computadores de secretária, duas câmaras de vídeo e uma câmara digital[98]mas o equipamento é necessário para combater a corrupção moderna. O esquadrão de fraude do DPP tem apenas 5 advogados, que são praticamente incapazes de lidar

---

[95] Artigo 120(3) da Constituição.
[96] Ver os comentários e observações dos DPPs sobre o programa MCC-TCP/ACT, onde se notou que o DPP esteve envolvido na formulação da lei anti-corrupção, que entrou em vigor a 25.8.2009. Na conferência realizada no Hotel Imperial Royale a 15 de Dezembro de 2009, notou-se que o DPP esteve envolvido na formulação da lei anti-corrupção, que entrou em vigor a 15 de Agosto de 2009.
[97] Ver comentários e observações do DPP sobre o programa MCC-TCP/ACP. Na conferência realizada no Hotel Imperial Royale a 15 de Dezembro de 2009.
[98] Ibid. e como revelou Annet Basima, advogada do escritório do DPP.

adequadamente com as tendências corruptas cada vez mais sofisticadas do país. Na [99]minha opinião, estas são as razões para a persistência de tendências corruptas no país, que tornaram necessária a criação do TCA.

3.3.3 Comité do Parlamento e das Contas Públicas (PAC).

O Parlamento é o órgão legislativo do Governo e, de acordo com o Artigo 78 da Constituição, é composto por representantes eleitos directa ou indirectamente e certos membros ex officio. Como uma das suas principais tarefas, exerce uma função de supervisão e uma função de controlo sobre o executivo. Isto inclui a responsabilização permanente do executivo, a fim de promover a transparência. Nesta função, as comissões parlamentares actuam como órgãos de supervisão na investigação de abusos e abusos de mandato, mas as comissões cooperam com todos os outros órgãos anti-corrupção.

Uma das iniciativas notáveis do Parlamento para reforçar a luta contra a corrupção é a sua adesão à Rede de Parlamentares Africanos contra a Corrupção Capítulo Uganda (APNAC) em 2000, que se concentra no trabalho em rede e na advocacia, particularmente no que diz respeito à implementação das convenções anti-corrupção da ONU e da UA. Foi criado um gabinete do orçamento parlamentar para reforçar a capacidade do PAC de exercer a sua responsabilidade na supervisão orçamental. A razão para isto é que os procedimentos orçamentais são complexos e os membros do Parlamento muitas vezes não têm a capacidade técnica para desempenhar plenamente o seu papel. Por conseguinte, este PBO apoia os parlamentares ao longo de todo o processo orçamental com conhecimentos especializados, análises e relatórios sobre importantes questões relacionadas. [100]

No entanto, como Hon Beti Kamya observou, "o público está desapontado com a instituição do parlamento; em vez de ouvir vozes a pedir contas ao governo e assim acrescentar valor ao processo de democratização, eles ouvem pedidos de salários mais elevados, serviços médicos, envio de gabinetes, combustível e mais empréstimos para sobrecarregar ainda mais o país". [101]Do acima exposto, é evidente que o Parlamento está a falhar no seu papel de promover a

---

[99] ibidem. Nota 4 por 24.
[100] UDN, Corrupção no Uganda, (Dossier) na página 10.
[101] Beti.O.Kamya, "O país precisa de redenção". The Daily Monitor; 23 de Julho de 2007.

responsabilização.

O PAC é uma das comissões do Parlamento com a responsabilidade geral de assegurar a responsabilidade financeira. O PAC tem de examinar os relatórios dos OAG que são submetidos ao Parlamento e informar o Parlamento sobre as medidas correctivas recomendadas e as medidas a serem tomadas pelo Gabinete. O PAC examina as contas auditadas dos fundos afectados e das despesas públicas do governo central e de outras agências governamentais. O PAC tem o poder de convocar qualquer agente de controlo para explicar e prestar contas das violações da responsabilidade financeira. Contudo, o PAC não cumpriu plenamente a sua função, uma vez que o seu Presidente, Hon. Nandala Mafabi, salientou que tem estado emaranhado em muito trabalho e, por exemplo, nunca discutiu nenhum dos relatórios semestrais do IGG. [102]No entanto, penso que deve ser salientado que tais desculpas, mesmo que transmitidas, não são justificação para que funcionários mal orientados saiam impunes depois de terem utilizado indevidamente milhares de milhões do dinheiro dos contribuintes.

Como acima mencionado, o PAC leva muito tempo a rever os relatórios de auditoria, o que limita significativamente os esforços para combater a corrupção. Um exemplo claro foi dado acima, nomeadamente o relatório CHOGM, que foi auditado após dois anos da auditoria CHOGM.

3.3.4 A autoridade para os contratos públicos e eliminação de bens públicos.

O PPDA é uma agência independente, fundada em 2003, que estabelece as regras e regulamentos para os contratos públicos. A agência publica orientações sobre aquisições, fornece aconselhamento, orientação e formação de capacidade, e controla e avalia a conformidade. Esta reforma do sistema de contratos públicos foi possível após a adopção da Lei PPDA de 2003, que levou à dissolução da Autoridade Central de Contratos Públicos, que detinha o monopólio dos contratos públicos. [103]A Autoridade é um organismo regulador e supervisor responsável pela definição de normas, pela realização de auditorias de aquisições e

---

[102] Discurso no Workshop de Partes Interessadas para discutir o projecto de Lei de Protecção de Denunciantes, 16 de Agosto de 2007, Fairway Hotel, Kampala.
[103] ibidem. Nota 4 por 11.

pela assistência na imposição do cumprimento da Lei PPDA.

Reconhece-se que existem melhores sistemas de controlo financeiro, aprovisionamento e auditoria a nível da administração local e todos os comités de contratos a todos os níveis da administração local estão agora plenamente habilitados a desempenhar as suas tarefas. [104]Nos três anos da sua existência, o PPDA concluiu mais de 16 auditorias, incluindo o Hospital de Mulago, as auditorias do Ministério da Educação, Agricultura, Terras e Justiça.[105] Estas revelaram uma série de infracções legais e administrativas graves. Embora se afirme que estas deficiências são relatadas e comunicadas ao Ministério ou Agência em questão, em muitos casos há falta de resposta para impor a implementação das recomendações da Agência. [106]

Numa entrevista com Wakabi Stephen[107], ele observou que as auditorias da autoridade são referidas à OAG, IGG, o chefe do serviço público e são também publicadas no sítio web do PPDA (www.ppda.or.ug) como parte de uma política de "nome e vergonha". Contudo, na minha opinião, mesmo com medidas tão boas, a ineficácia na comunicação dos resultados da auditoria e o seguimento inadequado não conseguiram erradicar a corrupção nos contratos públicos. [108]

Embora o PPDA tenha poderes para fazer recomendações às agências governamentais envolvidas, a autoridade só pode transmitir as conclusões a outras instituições anti-corrupção, tais como o IGG e o CID. Isto mostra claramente que o PPDA não tem sequer um mandato para responsabilizar aqueles que são considerados corruptos, e procedimentos tão morosos criam uma burocracia que dá ao acusado tempo para adulterar os vários documentos que os incriminam.

3.3.5 Esquadrão de Fraude do Departamento de Investigação Criminal (CID).
A sede da polícia está situada na sede da polícia e as suas investigações incluem a obtenção de documentos relevantes e declarações de testemunhas das organizações em causa. Em regra,

---

[104] ibidem.
[105] ibidem.
[106] Ibid. aos 14 anos de idade.
[107] Auditor principal no PPDA.
[108] Ver ibid. nota 5.

procuram o conselho de peritos, em particular auditores da OAG, e analistas de documentos ou peritos em caligrafia do Laboratório de Análises do Estado. Os auditores ajudam a detectar irregularidades financeiras, enquanto os examinadores de documentos ajudam na identificação e análise de caligrafias, assinaturas, alterações, gravações e impressões de carimbos. O PPDA ajuda-os também a identificar irregularidades e má conduta na aquisição. A força foi aplaudida pela força da investigação, tal como a recente detenção de quatro funcionários da Câmara Municipal de Masaka. [109]

Uma vez que é um órgão de investigação devido à inadequação da tecnologia, como computadores e mão-de-obra qualificada, as investigações não se realizam ou mesmo sofrem grandes atrasos, o que torna possível ocultar anomalias e destruir provas. [110][111]Os dados disponíveis nos gabinetes mostram também que a unidade investigou 829 casos de corrupção nos três anos de 2003 a 2005. No entanto, apenas 26% destes casos foram a tribunal e foram processados, resultando em 11 condenações e 7 absolvições. Os restantes casos ou foram arquivados pelo tribunal ou eventualmente retirados pelo DPP. Mesmo assim, a proporção de casos de corrupção processados caiu de 43% em 2003 para apenas 18% em 2005, em comparação com os casos investigados pelo CID. [112]

No entanto, na minha opinião, a polícia de hoje é corrupta, pelo que nem sequer lhes pode ser confiada a condução da investigação. Por exemplo, um inspector criminal sénior, Ensio Odoch, foi preso após receber um suborno de 1 milhão de xelins de um alegado desviador, David Walakira, para que pudesse parar a investigação. [113]O caso de Odoch poderia ser um indicador da corrupção que assola o CID, e é difícil determinar agora o número de investigações que envolvem milhares de milhões de xelins caídos em troca de uma parte do saque.

3.3.6 Inspecção Governamental.
O Gabinete foi criado em 1986 com um mandato para abordar, sob a liderança do IGG, a

---

[109] H.Mukasa, "Quatro funcionários da Masaka acusados de corrupção sob custódia". The Red Pepper, 19 de Dezembro de 2009 a 3.

[110] ibidem. Nota 4 às 17 horas.

[111] Revelado pelo Sr. Odong Timothy, oficial superior do CID na esquadra central da polícia em Kampala

[112] UDN, A luta contra a corrupção no Uganda: O governo está a começar a morder? Dezembro de 2009, a 3 de Dezembro de 2009.

[113] UDN, corrupção no Uganda, (Dossier). Na página 11.

extensão generalizada da corrupção e das violações dos direitos humanos. Actualmente, a protecção dos direitos humanos é tratada pela UHRC.[114] O Gabinete recebeu assistência jurídica ao abrigo do Artigo 223 da Constituição e o seu mandato específico está estabelecido no Artigo 225, na Lei da Inspecção do Governo, 2002 e na Lei do Código de Liderança, 2002. De acordo com a Secção 9,[115] a competência do Gabinete estende-se aos funcionários públicos e gestores empregados no sector público e noutras organizações, instituições ou empresas que utilizam fundos públicos. Nos termos do artigo 230(1) da Constituição do Uganda, o IGG tem o poder de investigar, investigar, fazer detenções, fazer detenções, fazer acusações ou instaurar processos em casos de corrupção, abuso de autoridade ou abuso de poder. Isto refere-se apenas a investigações e processos judiciais em casos de corrupção e abuso de cargo ou autoridade. Os casos de corrupção são definidos na Lei IG como apropriação indevida, suborno, nepotismo, influência, roubo de fundos ou bens públicos, fraude, falsificação, causando perda de valor financeiro ou patrimonial e deturpação de assuntos públicos.

O Artigo 225(1)(d) da Constituição confia ao IGG a tarefa de controlar a aplicação da ACV, enquanto o Artigo 233(2) exige que certos funcionários públicos declarem de tempos a tempos os seus rendimentos, activos e passivos e a forma como os adquiriram. O IGG tem feito um trabalho tremendo nos esforços do Gabinete para fazer cumprir este papel para prevenir a corrupção. É de notar o caso de John Ken Lukyamuzi contra o Procurador-Geral e a Comissão Eleitoral. [116]Este caso tratava da aplicação do código de conduta que exige que todos os funcionários públicos declarem os seus bens.[117] O peticionário argumentou que o Artigo 83(1)(e) da Constituição não deu ao IGG o poder de ordenar a sua remoção do Parlamento. No entanto, como argumentado pelo AG, o Tribunal decidiu que o IGG tinha o poder de ordenar a remoção de um membro do Parlamento culpado de violar o Código de Conduta dos Altos Funcionários. Assim, o Presidente do Parlamento e o Presidente da Comissão Eleitoral tiveram de seguir as ordens do IGG. No recurso para o Supremo Tribunal, a decisão foi anulada e adiada:

".em relação ao Tribunal do Código de Liderança e ao IGG mencionado no Artigo

---

[114] Ver Artigo 52 da Constituição de 1995.
[115] IG Lei n.º 5 de 2002.
[116] Petição Constitucional n.º 19 de 2006.
[117] Secção 10 da Lei do Código de Liderança n.º 17 de 2002.

235A...penso que ambas as autoridades podem aplicar o Código de Liderança ao mesmo tempo, com o IGG a trazer casos de violação do Código de Liderança como Procurador e a outra autoridade a ouvir os casos e a emitir sentença como tribunal. O facto de aqueles que emendaram a Constituição terem incluído o Tribunal do Código de Liderança no Capítulo 14 juntamente com o IGG mostra, penso eu, que as duas instituições foram concebidas para se complementarem mutuamente e não serem alternativas. " [118]

O acórdão cimenta a decisão no caso **Fox Odoi**[119], onde o Tribunal Constitucional considerou que as secções 19(1), 20(1), e 35(b) e (d) da Lei de Liderança eram nulas no que respeita aos nomeados do Presidente, porque eram inconsistentes com os procedimentos da Constituição para disciplinar tais nomeados e porque essas mesmas secções limitavam a discrição que a Constituição dá ao Presidente para suceder aos seus nomeados.

O impacto da decisão paralisa grandemente os esforços para impor a aplicação da Lei do Código de Liderança, uma vez que o tribunal competente nos termos do Artigo 83(1)(e) da Constituição ainda não foi estabelecido. Até que tal tribunal seja devidamente constituído, a aplicação da lei não pode ser levada a cabo.

Embora o gabinete exista há tanto tempo, o nível de corrupção na administração pública não está a diminuir, como referido no capítulo dois. Isto porque só há casos isolados que estão a ser processados, e noutros casos os funcionários corruptos permanecem impunes devido à aparente incapacidade do IG de investigar e processar a corrupção e de levar os culpados à justiça com determinação. O IGG em exercício declarou que é lamentável que muito poucos casos de corrupção tenham sido processados. A Comissão observa que dez casos foram encerrados em 2008, seis casos foram condenados e quatro foram absolvidos. Disse que estes são poucos casos porque o Gabinete ainda não tem capacidade para investigar crimes financeiros e obter provas que se levantem em tribunal. [120][121]

---

[118] Por Tumwesigye JSC no processo Lukyamuzi contra a AG & EC Reclamação Constitucional n.º 02 de 2007
[119] Fox Odoi Oywelowo &James Akampumuza contra a Petição Constitucional nº 8 de 2003 da AG
[120] J. Ogwang, "Prosecuting corruption cases, says IGG", The New Vision, 15 de Junho de 2009 a 6 de Junho de 2009, que também foi observado pela Sra. Grace Birungi, advogada do gabinete IGG, que sublinhou que a sua acusação de crimes de corrupção não produziu os resultados há muito esperados.
[121] Ssemujju.I. Nganda, "Why Museveni cracks down on corruption". The Weekly Observer; 21 de Junho de 2007.

Mesmo então, observou-se recentemente que o mesmo governo que criou a instituição está agora a frustrar os seus esforços, como o Ministro Otafiire observou uma vez[122], "O IGG não é o governo, e não pode usar a sua posição para frustrar projectos governamentais. Continuaremos com o desenvolvimento quer queira quer não. Ninguém deve fingir que ele ou ela é mais poderoso do que o governo".

É de salientar que, numa carta dirigida ao AG, o Presidente pediu um parecer jurídico ao IGG, salientando que o IGG não tinha um mandato constitucional ou legal para impedir os contratos públicos e, por conseguinte, teve de se abster de emitir tal[123] parecer, e o Presidente acusou o IGG de impedir o desenvolvimento nacional ao impedir vários projectos. [124]

Do acima exposto também resulta claro que mesmo o IGG falhou no seu mandato de travar a corrupção, o que pode mesmo ser visto pela tendência crescente dos costumes no Uganda. [125]

3.3.7 Direcção de Ética e Integridade.

A DEI foi fundada em 1986 com o objectivo de coordenar os esforços do governo contra a corrupção através do Fórum Inter-Agências.[126] Isto deverá reforçar a coordenação dentro do sector de responsabilização do governo. A DEI organiza reuniões trimestrais especiais, que se destinam a recolher informações potencialmente úteis sobre a anti-corrupção

(tais como os resultados de aquisições e auditorias) devem ser utilizados. Esta informação obtida deve ser divulgada à sociedade civil, aos meios de comunicação e ao público em geral, a fim de aumentar a sensibilização e aumentar o activismo público contra a corrupção. No entanto, a DEI deixou recentemente de fornecer activamente à sociedade civil e aos meios de comunicação social as informações necessárias para combater a corrupção.[127] Dada a falta de informação tão importante, é portanto um facto que a luta contra a corrupção está longe de produzir resultados. Que frustrante!

---

[122] F. Ahimbisibwe, "Otafiire explode IGG sobre Naguru Estate", The New Vision, 25 de Junho de 2008.

[123] Angelo Izama, "Koreans fight the Norwegians for a $300   million electricity agreement   ", The Daily Monitor, 15 de Abril de 2006.

[124] F. Mugerwa, "O governo inteiro é corrupto, diz IGG", Daily Monitor, 16 de Dezembro de 2009 Ver também "Governo frusta-me - IGG", The New Vision, 24 de Março de 2004.

[125] Ver capítulo 2.2

[126] A IAF é composta por instituições como o IGG, DPP, CID e a OAG.

[127] ibidem. Nota 25.

3.3.8 Tribunais do Poder Judiciário.

Estas estão estabelecidas no Capítulo 8 da Constituição, e os tribunais têm o mandato de exercer o poder judicial de acordo com os valores, normas e aspirações do povo e em conformidade com a lei.[128] A justiça exige que os casos sejam tratados de forma expedita. Os valores do povo ugandês exigem desde o início que a responsabilização seja primordial em todas as instituições públicas em todas as empresas. No que respeita a casos de corrupção, os tribunais têm sido cruciais na luta contra a corrupção, mas isto não levou a qualquer diferença no desempenho em comparação com outros organismos anticorrupção. Por exemplo, as estatísticas do Tribunal Supremo da Estrada Buganda mostram que mais de 350 pessoas enfrentam acusações de corrupção em todo o país. A maioria dos casos diz respeito ao tribunal acima mencionado com 65 processos e ao Tribunal Magistrado de Nakawa com 21 processos. Há 19 casos em Mbarara, 14 em Mukono e 13 em Kasese. Existem 150 casos de desvio de fundos, outros de perdas financeiras, abuso de poder, corrupção e subjugação da justiça. [129]

O escrivão do Tribunal Distrital de Buganda Road concluiu que devido à dificuldade de provar a corrupção (por ser uma actividade secreta), a maioria dos casos ou foram retirados, abandonados pelos procuradores, ou não foram apresentadas provas sérias, levando à absolvição dos suspeitos ou à retirada das acusações. [130]Na minha opinião, isto deve-se ao elevado nível de provas exigido em casos de corrupção, o que está para além de qualquer dúvida razoável, uma vez que se trata de infracções penais.

---

[128] Artigo 126 da Constituição.

[129] UDN, A luta contra a corrupção no Uganda: O governo está a começar a morder? Dezembro de 2009, a 7 de Dezembro de 2009.

[130] ibidem.

3.3.9 organizações da sociedade civil.

Sociedade civil é um termo utilizado para descrever os cidadãos que agem ou cooperam em conjunto para expressar o seu interesse, paixão e ideias, trocar informações, fazer exigências ao Estado e responsabilizar os funcionários do Estado pelas suas acções. [131] As organizações eficazes da sociedade civil proporcionam uma supervisão importante do governo, e estas são também cruciais na luta contra a corrupção. Estas organizações desempenham um papel importante na exposição da corrupção e na procura de soluções legais contra a mesma. Também fornecem importantes pontos de encontro público contra a corrupção, tanto em áreas urbanas como rurais, uma vez que procuram sensibilizar o público e informar sobre os seus direitos. [131]Também alargam os canais de responsabilização do Estado e aumentam o número de intervenientes não estatais na luta contra a corrupção.

Estes incluem a ACCU, que coordena actividades anti-corrupção entre grupos da sociedade civil e fornece serviços de capacitação às suas organizações membros. A coligação, que foi fundada em 1999 por 10 organizações e indivíduos, tem actualmente mais de 70 membros e está activa em grande escala a nível regional e nacional. A UDN é uma coligação de acção pública, advocacia e lobbying de ONG e foi fundada em 1996. Actualmente defende políticas a favor dos pobres e controla a utilização de fundos públicos para garantir que estes sejam utilizados de forma transparente, legal e para os fins previstos e adequados. O[132]

INFOC é uma coligação solta de igrejas e indivíduos preocupados em mentorar e capacitar os seus membros. [133]

As organizações da sociedade civil têm desempenhado um papel importante na luta contra a corrupção, por exemplo pesquisar e divulgar informação ao público[134], identificar a corrupção e compreender as possibilidades de acção legal ou administrativa, analisar o quadro legal para

[131] Ned.Wangusa, 1998, Why Uganda's civil society is weak, The Defender. Um relatório bienal sobre os direitos

Journal of the Foundation for Human Rights Initiative, número 4.1, p. 21.
[132] Ibid. Nota 4 a 28.
[133] ibidem.
[134] A IATM até o fez com a ajuda do teatro, ver por exemplo D. Devapriyo, "Karamoja in drama to end election rigging", Weekly Observer, 2 -8 411 de Outubro de 2009

combater a corrupção, analisar os fluxos de caixa e aquisições governamentais[135], cooperar com a IAF, coordenar com os meios de comunicação social[136], fazer lobby e promover a reforma comportamental e institucional privada e empresarial, e expor vilões e recompensar defensores na luta contra a corrupção através do Livro Nacional da Vergonha. [137]

3.4 Conclusão.

Esta colecção trata do trabalho das antigas instituições perante o DAC. No entanto, como acima mencionado, estas instituições não cumpriram a sua missão de refrear as tendências corruptas no país. Todas as instituições acima mencionadas ainda estão a lutar com a questão central que se coloca: Como são travadas as tendências corruptas no país? No entanto, no que diz respeito à sua contribuição, como acima mencionado, estas instituições têm desempenhado um papel importante na luta contra a corrupção, por exemplo, nos vários processos, investigações e auditorias levados a cabo pelas instituições envolvidas.

Reconhecendo que muito pode ser feito através destes organismos para fazer face à luta por um Uganda corrupto e livre, o papel destas instituições foi cerceado por certas deficiências que fizeram com que os seus esforços estivessem longe de ser adequados, tais como o financiamento insuficiente do pessoal e outros custos recorrentes, por exemplo, o PPDA recebeu apenas 6,48 milhões de dólares para o exercício financeiro 2007/2008[138] e apoio logístico insuficiente.[139] Existe também uma grande limitação, nomeadamente a falta de "acompanhamento dos resultados da auditoria". Embora seja apreciado e reconhecido que os comités de supervisão parlamentar fazem um trabalho louvável no tratamento dos resultados da auditoria, estes esforços precisam de ser complementados por acções e respostas positivas, particularmente por parte do executivo governamental. Isto deve ser feito com o objectivo de responder mais oportuna e positivamente às práticas corruptas, enviando assim uma mensagem

---

[135] UDN, Relatório Anual, 2008, no qual a UDN assinalou que tinha recolhido mais de 65 cópias de material informativo relacionado com o orçamento, a fim de intensificar a investigação no domínio da defesa do orçamento A 21, ver também as páginas 17-20, que destacam a Iniciativa de Advocacia Orçamental da UDN.
[136] Ibid., "participação em actividades dos meios de comunicação social". Aos 14 anos de idade, a UDN organizou um programa de rádio sobre a dívida detida na Bukedde FM, e também publicou uma declaração sobre a dívida externa do estado do Uganda no jornal 'Daily Monitor'.
[137] ibidem. Nota 48 a 32.
[138] Ver Uganda Anti-Corruption Threshold Country Plan, Julho de 2006, p.7.
[139] ibidem. Nota 13.

rápida aos funcionários corruptos.

Uma avaliação do papel da instituição e do quadro jurídico revela hoje ineficiências nos esforços para conter a corrupção, tais como a falta de domesticação de instrumentos anticorrupção internacionais e regionais com vista a reduzir a corrupção. Estas ineficiências levaram a Corporação Desafio do Milénio a deixar de financiar o programa de limiar anti-corrupção do país. [140]Este programa identificou a prevenção, investigação e repressão da corrupção como os três objectivos, num esforço para reforçar os esforços existentes de combate à corrupção. [141]Esta cessação do financiamento do MCC e da USAID significa que a luta contra a corrupção ainda tem um longo caminho a percorrer e espero que o governo tome as decisões correctas para fazer pressão para obter fundos quando ainda temos a oportunidade de o fazer. Por exemplo, o PAC tornou-se agora um nome familiar, especialmente entre os funcionários públicos. A sua actual exposição das transacções financeiras da CHOGM aumentou as expectativas sobre o sucesso e impacto das actividades anti-corrupção, e aumentou o medo e a ansiedade entre os suspeitos de corrupção. O PAC deve ser hoje elogiado pela sua abordagem agressiva e intransigente, sem medo ou favoritismo. Contudo, as preocupações sobre a sustentabilidade e eficácia das acções do PAC ainda me dão grandes motivos de reflexão, uma vez que apenas permitem detenções de quinze minutos, o que claramente não é suficientemente dissuasivo.

Do acima exposto, é evidente que a corrupção continua generalizada e que o quadro legal e as instituições mandatadas não têm sido capazes de fazer tanto devido às deficiências acima mencionadas. Isto tem continuado a ser fatal para o nosso país pobre e empobrecido, pelo que a criação da TCA precisa de ser revista para ver se a luta contra a corrupção acabará por produzir resultados.

CAPÍTULO QUATRO

EXPERIÊNCIA COMPARATIVA: ESFORÇOS ANTI-CORRUPÇÃO NO RUANDA.

---

[140] Ver The Chief of Party, USAID, Anti-Corruption Country Threshold Programme: Strengthening Anti-Corruption Capacities in Uganda - Review of Project Completion.
[141] Ibid. 55.

4.0 Introdução.
O objectivo deste capítulo é ter uma discussão aprofundada sobre a forma como outros países lidaram com a luta contra a corrupção. Uma vez que, como foi dito nos capítulos anteriores, a corrupção é também um vício generalizado nos países desenvolvidos, uma discussão sobre como alguns países tentaram travar as tendências corruptas é crucial para a minha investigação. O principal objectivo deste capítulo é mostrar que, se alguns países foram bem sucedidos na luta, a nova TCA para o Uganda, se algumas lições forem aprendidas e emprestadas, cumprirá o mandato necessário para resolver rapidamente os casos de corrupção. Este capítulo inclui, portanto, um estudo de caso de como o Ruanda lidou com a necessidade de refrear a corrupção.

4.1 Os esforços anti-corrupção no Ruanda.
Uma e outra vez são feitas perguntas como: A corrupção pode realmente ser combatida? Por outras palavras, pode uma sociedade transformar-se de uma sociedade cujas rodas diárias são lubrificadas por subornos numa sociedade em que a corrupção mesquinha é rara e evitada? Por exemplo, pode-se dar respostas a cenários atrasados; os exemplos de tais mudanças são Singapura e Hong Kong. Ambos enfrentaram a corrupção como uma infracção generalizada num passado não muito distante, e ambos a erradicaram essencialmente e ascenderam ao topo do Índice de Percepções de Corrupção.[142] Mas estes são, na minha opinião, dois casos muito especiais, porque têm uma população pequena, homogénea e rica. O IPC TI classifica os países de acordo com o grau de percepção da corrupção entre funcionários públicos e políticos. É um índice composto, um inquérito baseado em dados relacionados com a corrupção de inquéritos de peritos e de empresas realizados por uma variedade de instituições independentes e respeitadas. O CPI reflecte opiniões de todo o mundo, incluindo as dos peritos que vivem nos países em análise. No entanto, o IPC não é uma medida absoluta de corrupção. Por exemplo, a corrupção no Haiti foi considerada como a mais elevada no IPC de 2006. No entanto, isto não significa que o Haiti seja o "país mais corrupto" ou que os haitianos sejam o "povo mais corrupto". [143]Mesmo que o ranking do CPI mostre que o Ruanda está a sair-se bem na erradicação da corrupção, a luta continua e a corrupção continua presente no país, embora se reconheça que o governo resistiu resolutamente a quaisquer tendências corruptas na opinião

---

[142] http://www.trancparency.org/policy_research/surveys_indices/cpi/2009/cpi_2009_table
[143] http://www.transparency.org/news_room/in_focus/2006/au_convention

pública.

No continente africano há também o outro exemplo positivo, embora não tão dramático. O Ruanda, com um PIB no quarto mais baixo do mundo[144] e uma população cuja heterogeneidade é notória, alcançou resultados visíveis na luta contra a corrupção. O Ruanda é elogiado como um país onde os esforços para combater a corrupção, segurança e responsabilidade estão sempre na vanguarda da atenção governamental. [145]O Presidente Kagame e o seu governo têm-se concentrado consistentemente na livre iniciativa e asseguraram que se concentram em reformas que promovam um país seguro para o investimento e uma governação livre de corrupção. [146]

O Inquérito Empresarial do Banco Mundial realizado no Ruanda em 2006 mostra que o Ruanda está a sair-se relativamente bem na luta contra a corrupção em comparação com outros países de baixo rendimento e africanos. Apenas 4,4% das empresas inquiridas declararam que a corrupção é um obstáculo importante à realização de negócios no país. 20% das empresas dizem que fazem pagamentos não oficiais para fazer as coisas, em comparação com uma média de 48% noutros países africanos. 65% das empresas inquiridas pelo Banco Mundial acreditam que o sistema judicial é capaz de fazer cumprir as suas decisões e 67% acreditam que é justo, imparcial e incorruptível. Estes resultados são confirmados por um inquérito ligeiramente mais antigo realizado em 2002 por um grupo de organizações da sociedade civil, que mostra que quase 65% dos inquiridos consideram o seu país como "moderadamente corrupto". [147][148]

O Ruanda assinou e ratificou a Convenção Anti-Corrupção das Nações Unidas. É signatária da Convenção da OCDE sobre o Combate ao Suborno. É também signatária da Convenção Anti-Corrupção da União Africana. A concessão e aceitação de subornos é uma infracção penal nos

---

[144] O Ruanda registou um crescimento médio do PIB de 6,4 por cento entre 1996 e 2006. fonte: Banco Mundial, Ruanda at a Glance, 28 de Setembro de 2007, p. 2, disponível em http://devdata.worldbank.org/AAG/rwa aag.pdf. Ver também http:///www.wikipedia.org/wiki/list_of _Countries_by_GDP_(PPP)
[145] An Investment Guide for Rwanda: Opportunities and Conditions, p. iii, 55.
[146] Ryan Streeter e Mary McNaught, Prospects for Prosperity, RWANDA AND THE SOCIEDADE EMPREENDEDORA. Civic Enterprises, LLC, com o Hudson Institute 2008 na página 4.
[147] ibidem.
[148] http://www.enterprisesurveys.org/documents/EnterpriseSurveys/Reports/Rwanda-2006.pdf

termos da lei do país e as penas dependem das circunstâncias de cada caso. [149]Empresas multinacionais também relataram que a corrupção já não é um obstáculo importante e que foram criadas instituições eficazes para combater a corrupção. [150]No entanto, deve ficar claro desde o início que o Ruanda não eliminou a pequena corrupção em particular, mas num continente conturbado como África, cada estrela brilhante é um farol. De acordo com a TI 2008 CPI, a Tanzânia e o Ruanda são considerados os menos corruptos da região da África Oriental, seguidos pelo Uganda, Quénia e Burundi. [151]O Ruanda atingiu um índice de IPC de 3,0 e foi classificado em 16º lugar na região de África pela TI. [152]

O Ruanda tem um grande número de instituições anti-corrupção e tem feito recentemente maiores esforços para combater a corrupção. Isto tem sido feito com o objectivo de travar a corrupção em todos os sectores da economia, e é precisamente com tais instituições que o Ruanda é hoje elogiado pelos grandes esforços que tem feito para combater a corrupção. [153]Tais instituições e medidas incluem

---

[149] Ver F:\RWANDA³Investment Climate - Kigali, Ruanda.htm
[150] http://www.moibrahimfoundation.org/index/single.asp?countryid=35
[151] The East Africa International Business Forum 2008, "Trade and Investment Opportunities: África Oriental. Um mercado - um destino", Serena Hotel Kigali, Ruanda 29-30 de Outubro de 2008, na p.1.
[152] O Índice de Percepções de Corrupção da Transparency International classifica os países de acordo com o grau de percepção de corrupção entre funcionários públicos e políticos. É um índice composto, um inquérito baseado em dados relacionados com a corrupção de inquéritos de peritos e de empresas realizados por uma variedade de instituições independentes e respeitadas. O CPI reflecte opiniões de todo o mundo, incluindo as de peritos que vivem nos países em análise.
[153] Ver notas do Prof. Eigen: "O Ruanda tem vários programas destinados a eliminar completamente a corrupção. É também um dos países que dá à sociedade civil a oportunidade de desempenhar o seu papel na luta contra a corrupção. Assim que uma nação se afasta da corrupção, todos os sectores começam a florescer e assim alcançar o desenvolvimento. Para ser encontrado em http://www.twitter.com/@JoshRuxin

4.2 Os principais órgãos e iniciativas para combater a corrupção.

4.2.1 A Comissão Nacional de Concursos.

O **Conselho Nacional de Concursos,** criado em 1997, que organiza e gere o processo de concursos públicos e implementa a política geral de concursos públicos em nome do Governo. Os princípios orientadores para as actividades do BNP são transparência, eficiência e equidade.[154] O BNP emite e administra regras, regulamentos, directrizes e política de aprovisionamento. O organismo serve actualmente como autoridade de aprovisionamento para a maioria das aquisições governamentais, incluindo as efectuadas por doadores para-estatais e internacionais. A Declaração sobre o Clima de Investimento do Governo dos Estados Unidos estima que os esforços para promover a transparência a este respeito parecem ter conduzido a mudanças desde então e que as empresas estrangeiras têm participado numa base de igualdade e sucesso. [155]

4.2.2 A Unidade Anti-Corrupção.

A **unidade anti-corrupção** dentro da autoridade fiscal ruandesa tem mecanismos de campanha interna bons, abrangentes e activos para aumentar a sensibilização para a corrupção. O RRA também tem procedimentos disciplinares eficazes para promover uma cultura de integridade dentro da instituição. Em 2004, um relatório da USAID concluiu que o envolvimento excessivo dos doadores poderia minar o sentimento de "propriedade" que se está actualmente a desenvolver em torno das iniciativas anti-corrupção/integridade e de divulgação do RRA. [156]A USAID observou também que o sucesso na promoção da integridade e do profissionalismo dentro da RRA resultou na duplicação das receitas geradas pela RRA desde a sua criação em 1998. [157]

4.2.3 O Gabinete do Auditor Geral.

O **Gabinete do Auditor Geral** foi criado em 1999 para auditar o cumprimento dos controlos financeiros por parte do governo. Este gabinete é uma componente chave do sistema regulador do governo no país. Segundo funcionários do FMI, o Gabinete fez progressos significativos
[156]
[157] para tornar as finanças públicas mais transparentes, por exemplo, o Auditor Geral auditou as
[158]

Ver http://www.ntb.gov.rw/
Ver Embaixada dos Estados Unidos Kigali Rwanda, Home Page.
(http://www. ecatradehub.com/reports/rp.2004.01. scoping. study. report. asp01.
ibidem.

demonstrações financeiras do exercício de 2002 de 41 instituições públicas, incluindo os Ministérios da Defesa e das Finanças, e apresentou um relatório ao Parlamento em Março de 2004. O relatório de actividades em 2002 acusava o Ministério da Educação, a Autoridade da Aviação Civil e o sector da justiça de não terem em conta a perda de 3,1 milhões de dólares. Contudo, dos 44 casos de desvio de fundos arquivados no Ministério Público, apenas 5% dos casos foram encerrados, enquanto 75% estavam pendentes no Ministério Público e estavam a ser julgados em tribunal até 2004. [158]

Em 2004, a OAG informou que mais de sete milhões de dólares não foram contabilizados em várias instituições e projectos governamentais na sequência de investigações sobre irregularidades em concursos e aquisições.[159] O relatório do Auditor Geral de 2007 citou numerosas irregularidades contabilísticas. O relatório, que foi apresentado ao Parlamento em Outubro de 2008, foi utilizado para investigar a condução oficial dos negócios do governo. Com base no relatório do Auditor Geral, o NPPA lançou extensas investigações criminais durante o ano e os culpados foram condenados a várias penas. Quando foi suspenso em Julho de 2007, Janvier Murenzi, director financeiro do Presidium, poderia ter pensado que estava a salvo de investigação, mas no final de Novembro foi condenado a quatro anos de prisão e a uma multa de mais de mil milhões de francos ruandeses, ou seja, 1,13 milhões de libras esterlinas.[160][161] Também nessa mesma semana, Vincent Gatwabuyege, um antigo alto funcionário do Ministério das Infra-estruturas, foi condenado a uma multa semelhante e a sete anos de prisão por corrupção na adjudicação de vários contratos governamentais. Até os funcionários eleitos sofreram o mesmo destino. Um antigo vice-ministro para as questões da água, Munyanganizi Bikoro, foi condenado a dois anos de prisão em Agosto de 2007 por fraude fiscal. Theoneste Mutsindashyaka, um antigo ministro-adjunto da educação, também foi recentemente preso por corrupção.

4.2.4 *O Provedor de Justiça.*

A criação em 2004 de **um gabinete do provedor de justiça para** controlar a transparência e

---

[158]http://www.irinnews.org/report.asp?ReportID=39861&SelectRegion=Great_Lakes&SelectCountry=RWA NDA
[159] http://www.glcss.org/php/reports/Rwanda%20July%20to%20November%202006%20fmal.pdf.
[160] http://allafrica.com/stories/200803010007.html. Na sequência dos relatórios acima mencionados, o Presidente Kagame despediu vários políticos de topo em 2005, 2006 e 2007 por alegada corrupção e desvio de fundos, incluindo o Ministro da Agricultura e os embaixadores em França, Etiópia e União Africana.
[161] Boris Bachorz, Ruanda está a reprimir a corrupção.kigali, para a AFP
Publicado: 14:54PM GMT 07 Dez 2009

o cumprimento em todos os sectores do governo tem sido muito bem sucedida.[162] O Provedor de Justiça tem tomado uma posição forte contra a corrupção e regularmente descobre casos de fraude, má conduta e corrupção. O organismo lida com a corrupção nos níveis mais altos, médios e inferiores em todo o país. A Assembleia Nacional também desempenha um papel activo na investigação dos funcionários públicos. No entanto, os deputados queixam-se frequentemente de que os relatórios do Provedor de Justiça são muito breves e carecem de informação específica e detalhada. A este respeito, o Provedor de Justiça argumenta que a lei não o obriga a publicar os nomes e algumas estatísticas de casos que envolvem altos funcionários do governo, o que creio ser ainda uma fraqueza desta instituição. Isto porque a razão principal é que, independentemente do cargo, se alguém for corrupto, deve expor e submeter-se às consequências dos seus erros em pé de igualdade.

O Gabinete assegurou que a palavra geral é a mesma, desde ministros a secretários de estado e funcionários públicos comuns: Tolerância zero para a corrupção e má gestão dos fundos públicos. A unidade anti-corrupção do governo como cão de guarda e o Provedor de Justiça são organizações que trabalham com o Ministério Público nacional do Ruanda para investigar detenções e processar funcionários corruptos que ameaçam os fundos públicos e a moralidade. Até agora, os secretários permanentes dos Ministérios das Infra-estruturas, Educação e funcionários da Direcção Central de Investimentos Públicos e Finanças Externas foram detidos. Um antigo Secretário Permanente do Ministério da Educação está em fuga. Entre os outros encontra-se o Director-Geral do Instituto Nacional de Estatística do Ruanda. As punições estão em conformidade com a lei, e se uma pessoa for encontrada limpa, pode sair. A justiça é transversal. Isto torna claro que no Ruanda nenhum corpo está acima da lei. [163]

O Gabinete do Provedor de Justiça também desafiou fortemente a classificação do IPC do Ruanda no passado, o que na sua opinião não reflecte o empenho do governo ruandês em "combater a corrupção em todas as suas formas". [164] Em 2006, o Presidente do Gabinete do Provedor de Justiça do Ruanda, Tito Rutaremera, declarou também que se esperava um declínio da corrupção no país em 2007. Observou que os casos de corrupção diminuíram por

---

[162] Ver Lei n° 17/2005 de 18 de Agosto de 2005 que altera e completa a Lei n° 25/2003 de 15 de Agosto de 2003 que estabelece a organização e o funcionamento do Gabinete do Provedor de Justiça.
[163] *Editorial, East African Business Week, 23 de Fevereiro de 2009. Disponível em http://www.busiweek.com*
[164] Ver http://www.rwandagateway.org/article.php3?id_article=3550.

três razões: "*Depositámos líderes corruptos nos últimos anos, introduzimos formação e monitorização adicionais, e o processo de descentralização reduziu a corrupção*". [165]

4.2.5 O Código de Conduta e as Regras de Divulgação para Oficiais.

O governo ruandês também adoptou um **código de conduta e regras de divulgação para os** funcionários públicos. As declarações de bens para políticos e funcionários públicos no Ruanda foram adoptadas pela Constituição de 2003, que exige que os funcionários públicos declarem os seus bens. O Provedor de Justiça tomou uma posição firme a este respeito, afirmando que aqueles que não cumprirem serão processados.[166] De acordo com o Centro dos Grandes Lagos ou Estudos Estratégicos, o gabinete do Provedor de Justiça informou em 2006 que 3.490 políticos e outros funcionários foram solicitados a declarar os seus bens. Entre eles, 72% declararam os seus bens, enquanto os restantes 28% ainda estão a completar o processo. Isto mostra claramente como o povo do Ruanda está empenhado no seu estado a fim de refrear as tendências corruptas no seu país. Este compromisso promove claramente a transparência e impede que as pessoas adquiram riqueza de forma fraudulenta. Por esta razão, [167]o Ruanda tem a reputação de um baixo nível de corrupção, mas a sua imagem foi recentemente manchada por reportagens dos meios de comunicação social que acusam altos funcionários do governo de vários desvios de fundos. [168]

4.2.6 O Mecanismo Africano de Revisão pelos Pares

O Ruanda aderiu ao **Mecanismo Africano de Avaliação pelos Pares** (APRM) da **Nova Parceria para o Desenvolvimento de África.** A APRM encoraja os Estados participantes a assegurar que as suas políticas e práticas estejam em conformidade com os valores políticos, económicos e de governação empresarial acordados. O Ruanda foi dos primeiros dezasseis países a aderir à APRM e foi o segundo país a iniciar o processo de revisão. O relatório da APRM sobre o Ruanda foi adoptado em Julho de 2006. A imprensa ruandesa também deve ser aplaudida, uma vez que em 2008 revelou casos de dívidas incobráveis e delitos envolvendo, por exemplo, particulares e funcionários ruandeses. Isto levou a algumas detenções e

---

[165] ibidem. Nota 17
[166] www.U4.no/RWANDA
[167]Ver http://glcss.org/php/reports/Rwanda%20July%20to%20November%202006%20final.pdf
[168] http://news.bbc.co.uk/2/hi/africa/3456739.stm

demissões. [169]

Desde o genocídio de 1994, o Ruanda passou por um penoso processo de reconstrução, incluindo a reconstrução de todos os sistemas, estruturas e instituições governamentais. A vontade política de combater a corrupção tem sido demonstrada por uma política consistente e esforços para combater a corrupção no país. O governo declarou o 11 de Julho como o seu "Dia da Responsabilidade Pública" anual, quando os funcionários governamentais abrem os seus gabinetes aos eleitores, que deverão exigir explicações sobre todos os aspectos que afectam as suas vidas. Membros da elite política, bem como funcionários públicos comuns, foram processados quando foram feitas acusações de corrupção contra eles. Houve vários casos em que altos funcionários foram forçados a demitir-se, despedidos ou processados se estivessem envolvidos em casos de corrupção, como foi evidente em 2005 e 2006. Outros foram para o exílio voluntariamente. [170]Como os funcionários governamentais observaram no retiro do Distrito de Rubavu no Hotel Kivu Sun de 16 a 20 de Fevereiro de 2009, foi acordado que deveria ser oferecida uma recompensa anual a uma pessoa de alta integridade no sector privado e organizações não governamentais. Isto foi estabelecido para promover e enfatizar a cultura de integridade no sector privado, nas ONG e entre todos os ruandeses em geral. [171]

Na minha opinião, isto é um puro reflexo dos esforços do governo na luta contra a corrupção, uma vez que envolve todas as partes interessadas, especialmente o público. Afinal, estas são as pessoas mais afectadas pela corrupção, porque não só distorce os processos de decisão económica, mas também desencoraja o investimento, mina a competitividade e, em última análise, enfraquece o crescimento económico.[172] De facto, há provas claras de que os aspectos sociais, jurídicos, políticos e económicos do desenvolvimento estão todos interligados e que a corrupção num destes sectores dificulta o progresso em todos eles. Na esfera sócio-política, a

---

[169] Em 2005, 2006 e 2007, na sequência dos relatórios acima mencionados, o Presidente Kagame despediu vários políticos de topo por alegada corrupção e desvio de fundos, incluindo o Ministro da Agricultura e os Embaixadores em França, Etiópia e União Africana.

[170] ibidem.

[171] Ver regras para recompensar uma pessoa de alta integridade no sector privado e em organizações não governamentais.

[172] **USAID, "Assessing the Efficiency and Impact of National Institutions to Combat Corruption in Africa" (Avaliação da Eficiência e Impacto das Instituições Nacionais de Combate à Corrupção em África). Comissão Económica das Nações Unidas para África,** Kigali, Ruanda 16-17 de Fevereiro de 2009

corrupção é uma grande ameaça à justiça social, à estabilidade política, ao Estado de direito e à paz sustentável. Em alguns casos, a corrupção minou a legitimidade dos governos, minou a confiança na liderança política, desviou fundos públicos de projectos de desenvolvimento, reduziu a produtividade, exacerbou a pobreza, marginalizou os pobres e espalhou agitação e violência.

4.2 Conclusão.
Do acima exposto, é evidente que o Ruanda deu passos enormes na luta contra a corrupção. Mas vale a pena notar que o país não desenvolveu um tribunal especial para a luta contra a corrupção, o que eu acredito que mostra que mesmo que seja criado um tribunal especial, mas sem o necessário mandato prático e a vontade política para assegurar que as suas decisões sejam mantidas e respeitadas, a luta para acabar com a corrupção deixará sempre lacunas para a prosperidade dos funcionários corruptos. É de notar que o Ruanda reforçou a sua vontade de lutar contra a corrupção, fortalecendo as instituições existentes, como acima mencionado, sem desapontar os seus parceiros, especialmente os Estados Unidos. Por conseguinte, a luta contra as tendências corruptas não será apenas superada pela criação de várias autoridades anti-corrupção, mas é necessária uma abordagem holística. Isto envolve a atribuição de poderes a todos os organismos mandatados com um mínimo de interferência do Estado e uma forte protecção executiva, de modo a que estes organismos sejam apoiados em todos os fóruns para assegurar que a corrupção permaneça nos livros da história.

CAPÍTULO CINCO

ANÁLISE DO PAPEL DO DEPARTAMENTO ANTI-CORRUPÇÃO

5.0 Introdução.

A discussão anterior suscitou um grande interesse no debate sobre o período anterior à fundação da TCA. Este capítulo discute o estabelecimento do ACD, notando que a Divisão é agora uma instituição jurídica reconhecida no sentido da PD do HC (ACD). A sua estrutura jurídica e o seu mandato estão previstos. Os poucos casos que a TCA decidiu nos poucos anos da sua existência são também discutidos. A discussão irá também destacar as diferentes perspectivas e desafios da TDAA. Outro foco é a questão de quais as lições que se podem tirar dos esforços do Ruanda para combater a corrupção. No final do capítulo, tomo nota de várias recomendações e conclusões que retirei do meu estudo.

5.1 A criação do departamento anti-corrupção do Supremo Tribunal.

O DCA será criado em conformidade com o parágrafo 3 das Instruções Práticas do Tribunal Superior (Divisão Anti-Corrupção), 2009 O seu objectivo é agir como um fórum ordeiro, expedito, eficiente e rentável para a avaliação de casos de corrupção e relacionados com a corrupção. [174]O DCA foi originalmente composto por dois juízes e um secretário[175], e o chefe do DCA é responsável pela monitorização do número de juízes[176] que podem ser nomeados pelo Presidente do Supremo Tribunal de Justiça para apoiar o trabalho da Divisão. [177]Na sua administração estabelecida nos termos do n.º 6, a Divisão tem um chefe, um chefe adjunto, juízes e o Escrivão. O Chefe é responsável pela supervisão e administração da Divisão e o Conservador é responsável pela gestão diária da Divisão e, nessa qualidade, assiste o Chefe e o Chefe Adjunto da Divisão.[178] A secção será inicialmente

sediada em Kampala, mas pode também servir como Presidente do Supremo Tribunal i noutros

---

[174] Ver parágrafo 4 da PD do HC (ACD).

[175] O Juiz John Baptist Katutsi é o actual chefe do ACD, deputado do Juiz Mugambwa e o seu gadenya Paul Wolimbwa foi o primeiro secretário do departamento. Ver também Hillary Nsambu, "Ogoola nomeia juízes do Tribunal Anti-Corrupção e Crimes de Guerra". A Nova Visão, 25 de Maio de 2009.

[176] Ver definição de magistrado designado no parágrafo 2 da PD do HC (ACD).

[177] Ver parágrafo 5 da PD do HC (ACD).

[178] Ver parágrafo 6 (2) e (3) da PD do HC (ACD).

locais no Uganda.   -179
pode determinar.

A DAC tem jurisdição sobre todas as infracções ao abrigo da ACA, APC, LCA ou qualquer outra lei relacionada com a corrupção. [179][180] A acusação é realizada pelo DPP, IGG e qualquer outra pessoa. [181]Os juízes e procuradores designados têm a sua jurisdição territorial, tal como previsto no n.º 10, e a Divisão aplica as regras processuais aplicáveis aos processos penais, tal como previsto no n.º 11(1). Contudo, sujeito à lei na sua redacção actual, o DAC pode, de tempos a tempos, desenvolver regras de gestão de casos para o tratamento adequado e atempado dos casos que lhe são submetidos, em conformidade com o parágrafo 11(2). A Divisão tem também um Comité de Utilizadores do Tribunal, que é um órgão consultivo da Divisão e reúne pelo menos trimestralmente, como previsto no parágrafo 13 da PD do HC (ACD).

A instituição acima referida mostra claramente o carácter agradável do país para se ver livre da corrupção. Mas o público e todas as outras intuições anti-corrupção devem trabalhar de mãos dadas com o público para assegurar que a TCA cumpra o seu mandato legal.

5.2 Aplicação do objectivo do DCA: casos tratados.

Um tribunal é o local onde funcionários públicos e governamentais corruptos e cidadãos mal orientados podem ser levados à justiça para condenar a sua má conduta e punir o seu abuso de autoridade.[182] A TCA pretende funcionar como um fórum ordenado, expedito, eficiente e rentável para a avaliação de casos de corrupção e relacionados com a corrupção. No entanto, a medida em que a TDAA tem sido capaz de exercer eficazmente os seus poderes na luta contra a corrupção é discutida abaixo, numa análise de alguns casos chave apresentados ao Tribunal.

5.2.1: Uganda contra Teddy Ssezi Cheeye [183]

O arguido foi acusado de vinte e seis acusações, incluindo desvio de fundos, contabilidade

---

179 Ver parágrafo 7 da PD do HC (ACD).
180 Ver parágrafo 8(1) da PD do HC (ACD).
181 Ver parágrafo 9 da PD do HC (ACD).
182 G W Kanyeihamba, 'Comments on Law, Politics and Governance'. Renaissance Media Ltd, Kampala, 2006 c. 169.
183 PROCESSO PENAL N.º 1254 DE 2008.

fraudulenta, falsificação de um documento em violação dos artigos 268(b) e 323(b)(iii), 351 do Código Penal. No que diz respeito ao desvio de fundos, o juiz admitiu as provas apresentadas pela acusação e decidiu que o arguido poderia ser responsabilizado por este motivo. O Juiz Katutsi disse: *"...Como explicar a mentalidade de um homem que, para dar conta do dinheiro recebido, afirma que transportou pessoas numa carregadora de rodas com lagartas! Que uma lagarta carregadora de rodas, usando diesel desta vez, estava a funcionar com gasolina! ...A mensagem é semelhante à mensagem bíblica: "O machado está agora pronto para cortar as árvores. Qualquer árvore que não dê bons frutos será cortada e atirada ao fogo. "...* Este é o momento para lhe dizer*: "O longo braço da lei é mais poderoso", para* proclamar uma mensagem de que este tipo de comportamento deve parar.

O arguido foi condenado a uma pena de 10 anos por desvio de fundos e 3 anos por cada acusação de falsificação, com cada pena a ser cumprida simultaneamente.

As palavras do Juiz Katutsi descrevem a vontade dos juízes do tribunal anti-corrupção do país de refrear as tendências corruptas, não dando uma aterragem suave aos envolvidos em práticas tão más. Tal decisão ajudará a esclarecer como os juízes estão agora a avançar para assegurar que o país seja transformado num Estado livre de corrupção.

5.2.2: Uganda contra Annaliza Mondon e Elizabeth Ngorororano [184]

Os dois arguidos foram acusados de 1 de desvio de fundos em violação do artigo 268(b) e (g) do Código Penal; 2 e 3 de entradas de documentos falsos em violação do artigo 323(b)(ii) do Código Penal; e 4 a 25, inclusive, de falsa declaração de documentos em violação do artigo 351 do Código Penal. A juíza Katutsi observou que o acusado só poderia ser responsabilizado se a acusação apresentasse provas claras. Ele declarou

"desenvolveu-se uma cultura.... em que a pilhagem de dinheiros públicos é empurrada para segundo plano. Os autores de fraudes são vistos com admiração e reverência. São vistos como realizadores e aqueles que tentam viver vidas honestas são vistos como fracassados. Enquanto noutros países, como os Estados Unidos, os autores das fraudes fazem as suas próprias fraudes, aqui mesmo aqueles que foram ao mais alto tribunal do país e ainda foram considerados

---

[184] PROCESSO PENAL N.º 300 DE 2009

culpados continuam a insistir em alegar a sua inocência. O juiz é considerado um idiota. Porquê castigar uma pessoa que tenta viver uma vida feliz com dinheiro público que afinal não é seu? Os golpistas parecem estar a perguntar... O que fazemos com as pessoas que não mostram remorsos pelo que fizeram? Talvez vamos à admoestação de SHAKESPEARE de que:

"Porque a piedade é a virtude da lei".

E ninguém além de tiranos os utiliza de uma forma cruel".

O acusado foi condenado a cinco anos de prisão em todas as acusações, estas sentenças deveriam ser aplicadas concomitantemente e compensar o governo por 30.000.000 xelins. Este veredicto cimenta o valor fundamental e a vontade do poder judicial de assegurar que os fundos públicos não sejam mal direccionados. Se assim não fosse, o juiz, exercendo a sua clemência, teria dado ao acusado uma pena menor de cerca de 2 anos e a pena teria corrido concomitantemente. É portanto uma expressão clara do afastamento de regimes passados, o que não seria um compromisso com o Estado de direito e tolerância zero à corrupção.

No entanto, a abordagem acima referida da magistratura erudita conduz ao laxismo na mente dos envolvidos em tendências corruptas. A razão para isto é que o sistema judicial se baseou na clemência para dar ao acusado uma pena de cinco anos com uma condenação concorrente, mas quanto aos acusados, não mostraram clemência quando distribuíram fraudulentamente fundos da GAVI que teriam salvo a vida de certos membros do público. A compaixão não deve ser usada para condenar os arguidos que levam dinheiro público e o desperdiçam no estrangeiro, tal como nos Estados Unidos. Tal compaixão, quando considerada, encorajará os culpados a aumentar as suas actividades doentias, o que atrasará quaisquer esforços da TCA para combater o vício da corrupção. Uma vez que tais condenados não têm consciência, devem ser tratados com as penas mais severas, tais como a pena completa de 10 anos e a compensação máxima fornecida ao governo, para que aqueles que desejam aceitar tais más práticas sejam dissuadidos, enquanto que os condenados servem de exemplo ao público em geral da rede para cumprir a sua pena.

5.2.3: Abahikye Moses contra o Uganda. [185]

Este foi um recurso contra a decisão do Presidente do Supremo Tribunal de Justiça Rukungiri,

---

[185] Recurso Criminal n.º 0010 de 2009.

na qual o recorrente foi condenado por desvio de fundos contrariamente ao artigo 268(c) do Código Penal e causou prejuízos financeiros contrários ao artigo 269 da mesma lei. Posteriormente, foi condenado a 8 anos de prisão em cada uma das acusações, mas as sentenças deveriam ser impostas simultaneamente. Além disso, o recorrente foi condenado a pagar 105.000.000 Schilling como compensação pelo prejuízo financeiro que tinha causado na segunda acusação, em conformidade com o parágrafo 270 da Lei do Código Penal. Na acusação de desvio de fundos foi declarado que o Ministério Público nunca tinha provado este crime sem margem para dúvidas como deveria ter feito, pelo que o primeiro fundamento de recurso foi o êxito. Ao causar prejuízos financeiros, o juiz Mugamba disse, "...o juiz de instrução estabeleceu correctamente que o queixoso foi empregado pelo governo e que deve ter cometido um acto ou omissão no desempenho das suas funções com conhecimento ou com motivos razoáveis para acreditar que o acto ou omissão causaria prejuízos financeiros ao empregador. A infracção seria então completa. Concordo e concordo ainda que a Acta está cheia de provas de negligência e desvio de fundos, culminando em prejuízos financeiros para o empregador... Estabeleceu devidamente que o crime de causar prejuízo financeiro está para além de qualquer dúvida razoável. Dadas as circunstâncias do caso e a descoberta de que o queixoso causou prejuízos financeiros, não vejo razão para interferir com a sentença de 8 anos de prisão. A frase original foi assim retida.

5.2.4 Implementar a nova Lei de Combate à Corrupção.
A: Uganda contra Ndifuna Moses. [186]

O arguido, um juiz de segundo grau designado para o Tribunal Magistrado de Mbarara, foi acusado de solicitação corrupta de uma recompensa em violação do artigo 2(a) e foi punido ao abrigo do artigo 6(1) da Lei de Prevenção da Corrupção, e com a recepção corrupta de uma recompensa de

200.000 Shs ao contrário da secção 2(a) e punível ao abrigo da secção 6(1) da mesma. Estava na posse da juíza Katutsi,

"...os actos e a conduta do acusado trouxeram desrespeito à nobre profissão, uma das mais antigas da história. A ganância deve ser punida. Acho que a sentença lhe custará o seu trabalho

---

[186] *PROCESSO PENAL N.º 004 DE 2009*

e, por conseguinte, o seu sustento. No entanto, este tipo de corrupção devia ser condenado como tendo um impacto na economia nacional. Por outras palavras, não pode ser condenado. Tudo considerado, considero suficiente uma sentença de dois anos de prisão e um aviso aos que têm ganância de que isto não será tolerado no futuro. Eu gostaria que ele pagasse shs. 200,000==, que ele recebeu de forma corrupta..."

Tal decisão, tal como tomada pela magistratura erudita, mostra a vontade de lidar com a corrupção mesmo na nobre profissão, que tem sido manchada por muitas tendências corruptas ultimamente. Esta decisão mostra a vontade dos oficiais de justiça de processar os seus próprios colegas tratando-os como criminosos comuns quando são abrangidos pelo código de conduta. Isto mostra claramente que o ACD não é apenas um cão a ladrar, uma vez que o longo braço da lei foi agora estendido aos funcionários judiciais corruptos. Este é um veredicto louvável que mostra uma tendência encorajadora na luta pela erradicação de práticas corruptas no país. A decisão contradiz a teoria de que quando os membros do poder judicial são considerados corruptos, a condenação não é fácil de alcançar. Isto baseia-se na consideração de que estes funcionários judiciais têm o conhecimento necessário das condições para uma condenação e que, se eles próprios forem acusados, têm sempre a possibilidade de esconder a verdade.

Por outro lado, contudo, este veredicto não pode por si só servir de bitola para mostrar que a TCA tem sido forte na luta contra o vício da corrupção, porque tais penas baixas não costumam dissuadir os criminosos do seu mau carácter. Isto tende a acelerar em vez de reduzir tais más práticas, porque os criminosos mais graves, mesmo entre os funcionários judiciais, cumprem tais penas de dois anos e regressam à vida pública para realizarem o seu curso normal de negócios. Neste caso, este arguido é uma das primeiras pessoas a ser condenada ao abrigo da Lei de Prevenção da Corrupção recentemente promulgada. O facto de a lei ser aplicável após a sua adopção mostra a vontade da DAC de assegurar que a lei não permaneça inactiva.

No caso do Uganda contra Sabila Kaale e outros casos em que o acusado foi acusado da infracção de subornar um procurador para retirar as acusações contra um Sammy, que estava nessa altura em julgamento no Tribunal de Magistrados de Kaphorwa. A juíza Katutsi considerou que a infracção não teve qualquer impacto na economia nacional,

"... "Decidi dar-lhe um forte aviso e clemência, mas da próxima vez poderá não ter tanta sorte.

"

Os arguidos foram condenados a pagar quatro milhões de Schilling por causa das suas más práticas. [187]

No actual ambiente anti-corrupção, tais decisões, se forem mais rigorosas, atingirão a eficácia do APC e o DAC cumprirá o seu mandato de aplicar o Código apenas. O facto de os casos que envolvem a aplicação da lei terem lugar simultaneamente, tal como acima descrito, demonstra a consciência e o entusiasmo pela natureza da lei e da DAC e a sua importância na campanha anti-corrupção.

Em conclusão, os casos discutidos acima mostram que a TCA, embora só exista há pouco tempo, tem sido capaz de mostrar o seu casaco apesar das circunstâncias em que opera. Este é um forte aviso aos funcionários corruptos de que a luta contra a corrupção ainda não está perdida. Mostra também que o DCA é um instrumento útil na luta contra a corrupção. Estas decisões mostram também que a TCA tem tratado de casos de grande visibilidade envolvendo figuras proeminentes tais como presidentes de câmara de alto nível, tais como funcionários da justiça e parlamentares, sem intervenção governamental, e isto é um grande sucesso para o papel da TCA na luta contra a corrupção. Contudo, tais condenações destas pessoas condenadas não são suficientemente dissuasivas, uma vez que, por exemplo, o deputado Sabila, mesmo após a sua condenação, ainda tem assento no parlamento e representa os seus eleitores. As decisões devem, portanto, ser mais rigorosas, a fim de dissuadir aqueles que têm o hábito de se envolverem em corrupção como seu negócio.

5.3 O DCA: perspectivas e desafios.

5.3 Perspectivas

5.3.1: Processos rapidamente implementados
O parágrafo 5(2) do HC(ACD)PD exige que a Divisão nomeie juízes e procuradores que estejam sob a supervisão do Chefe da Divisão. Estes têm a sua competência, tal como previsto no parágrafo 8. De grande importância é o parágrafo 10, no qual os juízes e procuradores

---

[187] Edward Anyoli, "Membro Corrupto do Parlamento multado em 4 milhões de xelins" Neue Vision, quarta-feira, 3 de Março de 2010.

designados sob a autoridade da Divisão têm jurisdição territorial para processar infracções ao abrigo do parágrafo 8 cometidas em qualquer lugar dentro dos limites geográficos do Uganda. Isto é de importância crucial, uma vez que dois magistrados foram hoje nomeados e designados para a divisão. Isto mostra que o ACD pode agora tratar de casos "pequenos e de alto perfil". Isto garante que não há atrasos nos processos, um fenómeno que é predominante no sistema judicial ugandês. O seu Reverendo Keitirima (o Escrivão da Divisão) observou que, com os juízes a bordo, a Divisão apoia plenamente a rápida tramitação dos processos, que é o objectivo central do DAC. [188]Também declarou que o Departamento foi capaz de resolver 10 casos de pessoas surpreendentemente importantes envolvidas e que o Departamento não tem qualquer acumulação de casos, uma vez que todos os casos relatados são agora ouvidos e eliminados, uma vez que a duração de vida de um caso no Departamento é de cerca de seis meses.

A beleza da nomeação dos juízes e procuradores designados garante que a acusação dos casos, que anteriormente era uma tarefa muito difícil, é agora muito mais fácil. Isto acontece porque estes juízes têm plena jurisdição sobre todos os casos de corrupção e crimes relacionados com a corrupção. Portanto, nos casos em que há um caso de corrupção em Kisoro onde o departamento não está sediado e em que todas as testemunhas residem lá, um juiz designado pode ser enviado a Kisoro para ouvir especificamente o caso lá para uma resolução mais fácil e rápida de tal caso, sem grandes custos. Isto assegura que as testemunhas, a acusação e o arguido não sejam sobrecarregados de forma irrazoável com os custos de transporte e tempo que muitas vezes são incorridos quando os casos são tratados em Kampala, por exemplo, onde o TCA está actualmente localizado. Isto, na minha opinião, faz do tribunal um tribunal móvel que se pode adaptar a todas as situações, o que pode ajudar a acelerar o processo

---

[188] Entrevistado em 31 de Março de 2010.

Julgamento em casos de corrupção. Este julgamento rápido enviará um aviso às partes no processo, em particular aos procuradores, de que o TCA fornece soluções rápidas, o que contrasta claramente com o que o sistema judicial tem sido até agora, uma vez que normalmente leva até dois anos para concluir um processo penal.[189] O julgamento mais rápido proporciona aos denunciantes e testemunhas uma forma de assegurar que os seus casos sejam ouvidos rapidamente. Isto assegura que os problemas associados à perda de interesse das testemunhas no caso e à possibilidade de intimidação do acusado são eliminados. Isto assegurará que todas as provas de corrupção sejam apresentadas ao tribunal para garantir que todas as partes culpadas não tenham saída para a condenação quando a acusação apresentar provas incontroversas.

5.3.2: Acessibilidade da justiça.
O sistema judicial é responsável pela administração da justiça de acordo com a Constituição ugandesa[190]. O sistema judicial exige que os tribunais sejam facilmente acessíveis ao público sem encargos indevidos. Ao contrário de antes, o ACD adquiriu agora um edifício do tribunal em Kololo. Isto significa que as instalações estão agora abertas ao público, ao contrário do que acontecia no passado, quando a informação tinha de ser obtida do Supremo Tribunal, onde a TDA está sediada. Isto é um claro sucesso, pois as partes num processo podem agora facilmente encontrar o tribunal sem a necessidade de longas buscas nas instalações do Supremo Tribunal. Com a facilidade com que as instalações do Tribunal de Primeira Instância podem ser localizadas, isto significa que o acesso e identificação dos edifícios do tribunal é agora mais rápido e fácil para todos os litigantes previstos, o que é uma revelação para um acesso mais fácil à justiça.

5.3.3: Recuperação de fundos desviados.
O ACD tem um mandato para processar rapidamente a corrupção e outros crimes relacionados de acordo com o mandato do HC(ACD)PD de 2009. Após o julgamento, se condenado, o acusado pode ser ordenado a reembolsar o dinheiro que se provou ter sido desviado indevidamente pela pessoa condenada. Isto é consistente com a Secção 270[191], que instrui o [190] DCA a emitir uma ordem para compensar a parte lesada. Por exemplo, [192]no julgamento do
[191]

ibidem.
Artigo 126 da Constituição de 1995.
O Código Penal prevê um limite máximo de 120.
[192] ibidem. Nota 185.

Juiz Katusti no processo Cheeye, o Juiz Katusti ordenou ao condenado que reembolsasse cem milhões de xelins ao Fundo Global do qual veio o dinheiro que o condenado desviou. No caso[193] Ngorarano, os co-requeridos foram condenados a pagar trinta milhões de xelins como compensação ao Governo ugandês. No caso de [194]Ndifuna, foi-lhe ordenado que reembolsasse ao governo duzentos mil xelins que tinha recebido de forma corrupta.

Na minha opinião, as decisões sobre a TCA acima mencionadas mostram quão útil é a TCA para o governo ugandês como mecanismo de recuperação de fundos roubados. Prevê-se agora que o dinheiro roubado possa ser recuperado de forma apropriada através do sistema judicial. Este dinheiro será então colocado de novo no fundo consolidado para que a administração governamental e outras políticas possam funcionar eficazmente. Ao ordenar tal compensação, a impunidade é abolida, porque os condenados recebem muito mais do que uma simples sentença de prisão. Aqueles que roubam dinheiro público porque acreditam que a única punição é a prisão, não poderão beneficiar das suas actividades doentias.

5.4: Desafios para a TCA no cumprimento do seu mandato.

5.4.1: Apoio logístico.

Como acima mencionado, nos casos em que é dispendioso para as partes conduzir um julgamento em Kampala, onde o tribunal está originalmente localizado, o DCA pode actuar como um tribunal hospitalar móvel. Nesta forma de gestão de casos, pode ser nomeado um magistrado para determinar a localização do caso e as testemunhas, por exemplo, Kisoro. No entanto, o magistrado deve mudar-se com o oficial de justiça, deve pagar as despesas de alojamento e alimentação no local designado. Todas estas actividades requerem um grande esforço para permitir ao magistrado cumprir as suas obrigações como mandatado. Também a partir de hoje, o departamento está a alugar um edifício do tribunal, pelo qual os senhorios devem receber muito dinheiro para que não se envergonhem quando lhes é pedido que desocupem as instalações devido ao não pagamento do aluguer.

Além disso, o pessoal auxiliar do ACD ganha menos de vinte mil xelins. Isto inclui também os

---

[193] ibidem. Nota 186
[194] ibidem. Nota 188.

funcionários do tribunal que mantêm os ficheiros do tribunal sobre as provas dos arguidos. Estes arguidos poderiam ser investigados por milhões de xelins, e como são muito tacto, podem facilmente subornar estes funcionários auxiliares para destruir as provas, para que não estejam envolvidos, porque teriam ajudado e sido cúmplices no caso. A razão para tal é que, com tal remuneração, a motivação do pessoal é baixa e, no entanto, estão em jogo milhares de milhões de xelins. O registador ACD observou que é um milagre que o departamento tenha pessoal leal, porque os corruptos têm a oportunidade de comprar a sua saída. [195]

5.4.2 Baixos índices de acusação.

Apesar do facto de o TCA já existir há mais de um ano, o tribunal só encerrou 10 processos desde a sua criação. No entanto, existe ainda um elevado nível de corrupção no país, tal como previsto no capítulo dois desta tese. Isto significa que o departamento deve ter tratado mais de 10 casos desde a sua criação. Esta baixa taxa de casos comunicados ao departamento é a prova de que o Tribunal não evoluiu muito para uma instituição em que o público possa confiar para prevenir a corrupção no país. Na minha opinião, o público ainda não tem conhecimento da existência do ACD e da maravilhosa secção da DP do HC(ACD) onde um membro do público que não seja membro do DPP e IGG pode processar uma infracção relacionada com corrupção ou corrupção no departamento. Contudo, de acordo com[196]acima exposto, deve notar-se que o Departamento é um tribunal e não pede que os casos sejam levados a tribunal.

5.5 Lições que o Uganda pode aprender com o Ruanda

5.5.1 Vontade política.

O ditado "...a quem muito é dado, muito se espera dele...". é verdade no Ruanda porque os seus esforços anti-corrupção têm tido grande sucesso. Após o genocídio, o Ruanda recebeu muito apoio de actores estrangeiros para ajudar o país a recuperar. O Ruanda não desapontou estes doadores. O Governo do Ruanda tem demonstrado um empenho honesto e visível na luta contra a corrupção à medida que avança para a tolerância zero na nação. O Governo apoiou plenamente todas as principais agências anti-corrupção com um mínimo de interferência no desempenho das suas funções. Isto deu lugar a uma atitude não favorável de todos os cidadãos

---

[195] ibidem. Nota 189.
[196] ibidem. Nota 181.

ruandeses. Isto porque, independentemente da sua posição política, podem ser envolvidos e condenados a penas de prisão, por exemplo, o director financeiro da presidência, Janvier Murenzi, que foi suspenso do seu cargo em Julho de 2007, foi condenado a quatro anos de prisão no final de Novembro e multado em mais de mil milhões de francos ruandeses, ou seja, 1,13 milhões de libras esterlinas.[197] O Governo do Uganda deve, portanto, apoiar plenamente toda a instituição anti-corrupção, sem interferir no seu mandato, para que o país possa ser bem sucedido na sua luta contra a corrupção no país. O governo deveria abster-se de interferir no papel destas autoridades, de modo a que mesmo a TDAA não deixe de cumprir o seu mandato invocando a interferência executiva, contrariamente à doutrina da independência do poder judicial.[198] O facto de alguns funcionários não poderem comparecer perante certas entidades reguladoras, por exemplo, o PAC, pelo Vice-Presidente para prestar contas da sua má conduta, não deve ser apoiado pelo governo. A razão para tal é que tais acções criam uma classe isolada de cidadãos no país que geralmente não são responsáveis perante nenhum tribunal, mas que exercem os seus cargos com pleno conhecimento do valor da doutrina da confiança pública.

5.5.2 Numerosas instituições.

É de notar desde o início que o Ruanda não tem um tribunal especial para ouvir casos de corrupção. No entanto, o país alcançou grande sucesso nos seus esforços para combater a corrupção, e é agora celebrado como um modelo para África na luta contra a corrupção. A questão principal, portanto, é se as muitas instituições são bem sucedidas ou se dificultam a luta contra o vício mortal. O Ruanda tem menos agências anti-corrupção, e estas têm sido bem financiadas pelos doadores e pelo governo, que também tem promovido medidas duras contra os funcionários públicos para assegurar que o seu trabalho seja levado a cabo de forma ética. O Governo do Uganda precisa portanto de repensar os diferentes papéis de todas as autoridades envolvidas na luta contra a corrupção, com uma necessidade urgente de tornar as autoridades mais funcionais e também de reforçar as suas capacidades. A solução não reside, portanto, na criação de muitos organismos anticorrupção, mas no reforço da capacidade dos já existentes e na manutenção de um acompanhamento adequado de todos os relatórios e comentários divulgados por estas instituições.

---

[197] ibidem. Nota 162.
[198] Artigo 128° da Constituição de 1995.

5.6: Recomendações.

5.6.1: Acção governamental em relação ao sistema judicial.

Devido ao protesto público generalizado sobre a corrupção no sistema judicial, o governo deve agir com firmeza para rectificar a situação. Actuhaire Johnson observou que a corrupção no sistema judicial está concentrada entre funcionários judiciais, conservadores e juízes.[199] Por conseguinte, através do ACD e outras agências anti-corrupção, o governo deveria reforçar as armadilhas contra funcionários judiciais mal orientados, de modo a que sejam detidos e processados por delitos de corrupção.

A recente acusação e condenação do Magistrado Ndifima de Mbarara[200] sublinha os esforços para refrear a corrupção nos tribunais e para dar uma direcção positiva. No entanto, subsistem preocupações quanto a incidentes de corrupção nos mais altos órgãos judiciais que não são processados. No que diz respeito aos funcionários judiciais, eles não são empregados, supervisionados ou disciplinados pela comissão judicial, mas estão entre as pessoas mais corruptas do sistema judicial. Isto significa que as queixas corruptas contra eles não conduzem a uma acção rigorosa contra eles. Em vez disso, a Comissão da Função Pública responde geralmente transferindo-os do poder judicial para outro departamento governamental onde lhes é permitido continuar as suas actividades corruptas. A Comissão do Serviço Judicial e a Comissão da Função Pública devem, portanto, responder à crescente reacção pública aos funcionários judiciais, punindo-os severamente para que a corrupção no sistema judicial seja reduzida.

O poder judicial é apoiado pelo orçamento atribuído pelo governo para o seu apoio logístico, de modo a permitir-lhe realizar as suas actividades. O sucesso da TCA requer um aumento dos recursos fornecidos pelo governo para garantir que a instituição não falhe como outras instituições anticorrupção que foram impedidas de desempenhar as suas tarefas devido ao financiamento insuficiente do governo. De facto, o governo deveria assumir um papel de liderança na procura de assistência financeira por parte dos países doadores e na procura de assistência na aplicação da lei em casos de repatriação de pessoas acusadas de desvio de fundos

---

[199] Actuhaire é um defensor do Supremo Tribunal, entrevista gravada a 5 de Março de 2010.
[200] *UGANDA v. NDIFUNA MOSES PENALIDADE N.º 004 DE 2009*

públicos, sempre que existam provas claras e adequadas. A maioria das instituições anti-corrupção do país não cumpriu os seus mandatos devido ao financiamento insuficiente, mas o papel dos doadores no apoio a estas instituições continua a ser louvável. [201]Os doadores financiaram hoje o aluguer de edifícios do tribunal e o TCA mudou-se para um novo local em Kololo, onde existe um espaço maior do que o Supremo Tribunal em Kampala. No entanto, os doadores devem aumentar a assistência técnica e financeira para assegurar que o governo seja capaz de conter a corrupção no país, em vez de reduzir os fundos disponibilizados para o país[202], porque estes fundos ajudam esta instituição na gestão diária das suas actividades, de modo a que o departamento possa facilmente cumprir o seu mandato.

Os recursos financeiros, uma vez obtidos, contribuem significativamente para assegurar a sustentabilidade das actividades do departamento, por exemplo, aumentando os salários do pessoal auxiliar a fim de aumentar a sua motivação no desempenho das suas funções.

5.6.2: A liberdade dos media e o papel do mundo académico.
Os meios de comunicação social desempenham um papel importante para chamar a atenção do público para casos de corrupção. Isto porque num estado livre e democrático, os meios de comunicação social são vistos como o quarto estado.[203] Muitos casos de alegada grande corrupção foram resolvidos pelos meios de comunicação social. A revista de notícias Monitor trouxe a primeira história sobre a saga terrestre de Temangalo. No entanto, a liberdade dos meios de comunicação social está sob constante ameaça de ameaças e acções governamentais. Os jornais independentes são normalmente ameaçados de encerramento, e os jornalistas são rotineiramente presos e encarcerados sob a acusação de incitamento, se publicarem histórias às quais o governo é sensível. [204]Tais tentativas de tomar medidas contra os meios de comunicação devem ser combatidas para assegurar que os meios de comunicação não sejam intimidados, mas sim proclamar a verdade sem influência ou intimidação indevidas. O público

---

[201] O governo dos EUA atribuiu $10,4 milhões em 2007 para combater a corrupção através da melhoria das práticas de auditoria e gestão financeira nos contratos públicos e do reforço do papel da sociedade civil na luta contra o suborno . disponível em http://www.monitor .co.ug/artman/publish/news/donors scoff na luta anti-corrupção do governo.shtml.

[202] Ver Muhrwa, "Gabinete IGG quase 4 mil milhões de xelins como doadores cortam ajuda". Daily Monitor, 23 de Julho de 2009.

[203] ibidem. Nota 184 em 176

[204] Ver "financiamento sem som IGG, diz Suruma". A nova visão; 22 de Agosto de 2007.

também não devem abster-se de apoiar os meios de comunicação social na descoberta da corrupção, porque uma vez que a informação seja pública, os órgãos institucionais poderiam tomar outras medidas para levar os culpados à justiça. O DCA também será chamado em vários casos, como previsto no parágrafo 9205 que qualquer pessoa pode prosseguir um caso de corrupção ao abrigo desta divisão judicial. Além disso, o público deve ser encorajado através do Bimeeza[205] , que proporciona uma plataforma para os cidadãos expressarem os seus pontos de vista sobre os programas e políticas governamentais.

Os advogados académicos, que lidam com os erros e méritos dos pareceres dos tribunais num ambiente mais ratificado, sem pôr em risco os interesses dos clientes, em vez de serem advogados praticantes, têm um mandato especial na luta contra a corrupção. Isto deve-se à sua capacidade de fornecer tanto uma espécie de segunda opinião sobre o que os tribunais já decidiram como uma opinião consultiva sobre o que poderão decidir no futuro. [206]Esta forma de advocacia tem sido um passo fundamental na promoção dos direitos humanos através de litígios de interesse público[207] e de revisões escritas de sentenças.[208] Tais críticas colocam na balança os juízes que tratam de casos de corrupção, de modo a que a sua decisão reflicta o impulso público central para dissuadir as tendências corruptas no país. Assim, se forem tomadas decisões intransigentes contra os perpetradores, estes funcionários corruptos serão colocados com medo de não cumprir longas penas de prisão em celas prisionais, e não tentarão más práticas corruptas. Isto irá atrasar grandemente a extensão da corrupção no país.

5.6.3: Criação de um quadro jurídico e institucional abrangente.
Como acima mencionado, o governo ugandês implementou vários planos de acção para conter a corrupção, criando um quadro legal e institucional abrangente, por exemplo, a criação da TCA. No entanto, a DCA não poderá levar a cabo as suas actividades rapidamente sem a existência de uma Lei de Protecção dos Denunciantes, que visa proteger as pessoas que fornecem informações sobre corrupção. A razão para tal é que, a partir de hoje, nenhum

---

[205] Ibid. 8
[206] Bimeeza são programas de rádio onde os cidadãos vêm e debatem políticas governamentais que

em termos do seu bem-estar.
[206] Kwasi Prempeh 2006, com 33 anos.
[207] TEAN V A-G e NEMA Aplicação Diversos N.º 24 de 1999.
[208] ibidem. Nota 32 nas páginas 17-21.

membro do público pode sair livremente para utilizar provas de corrupção contra qualquer funcionário ou pessoa do governo porque existe um medo geral pela sua querida vida depois de alguém ter sido processado e, por exemplo, considerado inocente. Tal legislação ajudará a responder à pergunta que está na mente da maioria das pessoas sobre a eficácia da legislação anti-corrupção no Uganda. Mesmo sem a lei sobre a confiscação de bens, a doutrina do rastreio, que permite ao DCA apreender e vender bens pertencentes aos infractores a fim de colocar o dinheiro de volta no erário público, é um mistério. Como resultado, as decisões dos tribunais tornam-se fúteis. É portanto urgente considerar esta legislação para que a DAC possa efectivamente exercer o seu mandato.

Instituições como a APP, 1GG, a polícia através do CID, deveriam melhorar a sua eficácia, por exemplo a polícia nas investigações, para que as provas sejam utilizadas na aplicação da lei e os casos de corrupção não sejam descartados por falta de provas. Isto porque as provas exigidas em tal processo devem estar para além de qualquer dúvida razoável para que uma pessoa acusada seja condenada pelos tribunais. O fenómeno no país de que a polícia é corrupta deve ser combatido pela autoridade que se compromete a uma investigação completa e ajuda a processar os casos, assegurando que os processos não desapareçam misteriosamente para que a sua credibilidade não seja posta em causa. Os funcionários do DPP e do IGG que estão envolvidos na acusação destes casos devem também assegurar-se de que preparam e apresentam melhor os casos em tribunal para que os advogados da oposição não ganhem casos com base em erros formais como a ineficácia das provas apresentadas ao tribunal. [209]

5.6.4: acção penal.
O DCA foi concebido para ser o principal fórum para lidar com uma maior carga de casos e uma eliminação mais rápida com base na perícia adquirida. Embora os casos sejam agora ouvidos diariamente e a taxa de condenação esteja agora próxima dos 100%[210], ainda é desejável mais para assegurar que o TCA traga um processo mais rápido. Por exemplo, é necessário preparar relatórios de investigação em tempo útil para que os casos não sejam adiados quando uma audiência é agendada, quando se alega que a polícia ainda está a

---

[209] Por exemplo, a retirada infundada das acusações contra o presidente da câmara de Jinja, Mohammad Kezaala. Ver também Uganda contra Muwonge Andrew e 5 outra REVISÃO CRIMINAL N.º 10 DE 2009.
[210] Ver comentários e observações do DPP sobre o programa MCC-TCP/ACT, 15 de Dezembro de 2009, p.2.

investigar. Afinal de contas, tais atrasos são a principal causa do atraso dos processos no sistema judicial. Há necessidade de formação contínua de procuradores e investigadores em criminologia forense financeira avançada, para que possam aceder facilmente a provas que são em grande parte digitais. Isto pode ser conseguido fornecendo-lhes competências informáticas básicas, treinando-os no tratamento de provas específicas e fornecendo-lhes software de processo.

Isto garantirá que apreciem os esforços anti-corrupção noutras jurisdições e lhes dará orientações claras e precisas para investigações relacionadas com a corrupção. Com esta formação contínua, levará a um aumento da aplicação activa da lei na DAC, o que reduzirá grandemente as práticas corruptas do país. Não se deve esquecer que os resultados da formação podem não ser sentidos imediatamente, mas apenas gradualmente. Tendo em conta que a corrupção se manifesta sempre em diferentes estilos de vida e sob muitas formas diferentes das conhecidas[211][212], as regras de processo penal e de prova sobre as quais a DAC é orientada têm de ser alteradas de modo a ter plenamente em conta as novas tendências que o vício pode adoptar após um determinado período de tempo. Isto deve ser levado por diante com o desejo de assegurar que todas as práticas corruptas sejam trazidas para a piscina para garantir que nenhum infractor fique impune.

Juiz Katutsi, comentando ao mesmo tempo a natureza da corrupção identificada,
"Recentemente, estes crimes têm vindo a aumentar a um ritmo alarmante. Infelizmente, a natureza inerente a este tipo de crime torna ainda menos provável que as nossas técnicas actuais de combate ao crime possam combatê-lo eficazmente. Este tipo de crime é frequentemente cometido à porta fechada, por telefone e em circunstâncias em que não são mantidos registos. Só quando um informador interno é descoberto ou denunciado é que ganhamos conhecimento das circunstâncias em que a mente criminosa está a trabalhar. ""[213]
Também salientou que, neste caso, se Nkurunziza (uma testemunha da acusação) tivesse sido deixada ao frio, a acusação não teria sido capaz de obter um iota de prova. [213]
A fim de conter totalmente o vício no país, estas formas mutáveis de corrupção devem

---

[211] Ver capítulo dois
[212] UGANDA v. TEDDY SSEZI CHEEYE CRIMINAL CASE NO; 1254 OF 2008
[213] ibidem.

reflectir-se tanto em leis como em decisões judiciais.

A TCA segue as leis processuais penais na instrução dos processos, e o procedimento envolve um compromisso.[214] O processo de transferência é moroso e deve ser levado a cabo, uma vez que é preliminar à acção penal pelo Supremo Tribunal. Contudo, creio que tal procedimento deve ser anulado em casos de corrupção, que normalmente envolvem a ameaça de testemunhas e a destruição de provas, e disposições como o parágrafo 169 do MCA devem ser tornadas obrigatórias não só para o DPP, mas também para o IGG e qualquer outra pessoa, para que possam avançar com um caso e processá-lo sem primeiro passar pelo procedimento de apresentação de provas. Pois não é apenas o DPP que pode processar um acusado ao abrigo do DCA.

O DCA deve ser facilitado para assegurar que os procedimentos sejam expeditos, para que as testemunhas não percam o interesse ou sejam indevidamente influenciadas. Isto pode ser conseguido através da melhoria da tecnologia de comunicação para que o juiz não tenha de escrever tudo o que é dito na sala de audiências - uma tradição que prevalece nos tribunais actuais. Isto pode ser conseguido através de gravadores de fita, câmaras de vídeo e digitais.

Isto será, se for feito

representam o compromisso do Governo na luta para acabar com a corrupção no país, uma vez que a acusação dos casos será expedita e isto aumentará o volume de casos tratados pela TCA

5.6.4 O papel da sociedade civil.

O papel da sociedade civil não deve ser subestimado, mas sim fortemente promovido, uma vez que apoia os esforços para combater a corrupção a nível das bases. Para que a TCA garanta o reforço do seu papel, o público precisa de conhecer os males da corrupção, que as organizações da sociedade civil podem facilmente identificar. Por conseguinte, organizações como a UDN e a Coligação Anti-Corrupção do Uganda devem ser fortemente encorajadas e financiadas para assegurar que os seus esforços sejam alargados a áreas distantes do país. Tais esforços são coerentes com o Artigo 13 da Convenção das Nações Unidas contra a Corrupção, da qual o Uganda é parte e que confere aos Estados um mandato para facilitar a participação activa de indivíduos e grupos fora do sector público, tais como organizações da sociedade civil e OBC.

---

[214] Ver as secções 1 e 168 do TIA e MCA respectivamente.

Estas organizações deveriam ser autorizadas a sensibilizar os cidadãos para as leis relacionadas com a corrupção e a existência da TDA, informando-os de que qualquer pessoa pode apresentar um caso a este tribunal. No entanto, devem ser desenvolvidas directrizes para facilitar o exercício da responsabilidade social das organizações. Isto aumentará a participação do público, especialmente nas actividades da TCA, o que aumentará a sensibilização para as suas actividades, o que ajudará a mudar a forma como o público vê a justiça no país.

5.7: Conclusão.

O TCA tem desempenhado um papel importante na entrega dos culpados à justiça no curto período da sua existência, independentemente da sua posição social. Assim, o departamento estabeleceu-se como um pilar a ter em conta na actual necessidade de combater a corrupção no nosso país. O trabalho do departamento não foi frustrado até agora, a fim de garantir que as suas tarefas não sejam frustradas. No entanto, para que a DCA atinja todo o seu potencial, deve ser oferecido mais apoio financeiro para garantir que todo o pessoal seja devidamente formado para poder combater o crime económico e a corrupção que depende de maquinaria técnica moderna.

Uma vez que é tarefa do poder judicial administrar a lei no país, este direito deve ser aplicado igualmente e sem tratamento preferencial para todos os cidadãos. Ainda hoje é indiscutível que a corrupção política é mais elevada no país, apesar de existirem muitas autoridades anti-corrupção. Para que a TCA garanta que seja feita justiça, os líderes políticos envolvidos e considerados culpados de corrupção política não só devem ser condenados a penas de prisão ou multas ao governo, como também devem ser condenados a impeachment. A razão para tal é que a sua permanência no cargo prevê uma pena não dissuasiva, porque permanecem com o poder político para levar a cabo as suas más práticas.

Os decisores, especialmente os políticos, devem garantir que respeitam as decisões do departamento, porque uma campanha bem sucedida contra o abuso e uso indevido de cargos e recursos públicos deve ter uma abordagem multi-facetada. Isto significa que as instituições governamentais para combater a corrupção devem trabalhar de mãos dadas, e o público e a sociedade civil devem também levar o seu papel de controlo mais a sério e desempenhá-lo de forma mais eficaz, como observou Tanzy. [215]

BIBLIOGRAFIA

Akena Adoko (1983). De Obote para Obote. Editora Vikas. Nova Deli.

Carolien Klein Haarhuis e Rene Torenvlied (2004). Dimensões e direcções no debate africano anti-corrupção. Centro de Investigação e Documentação (WODC) do Ministério da Justiça holandês, Universidade de Utrecht, Países Baixos.

Daniel Ruhweza (2008) Frustrado ou frustrado? O IGG e a questão da corrupção política no Uganda. Documento de trabalho HURIPEC 2008.

G W Kanyeihamba(2006), Kanyeihamba's commentaries on law, politics and governance, Renaissance Media ltd, Kampala.

James Katorobo (1986). Corrupção na Gestão: Patologia Ética da Gestão, Instituto de Gestão na África Oriental e Austral. Arusha.

James Tumusiime (1996). Uganda 30 anos, 1962-1992. Fountain Publishers ltd. Kampala.

Kaufmann, D. (1998) "Anti-Corruption Strategies, a New Beginning?", in: R. Stapenhurst e Kaufmann, D. (2000) *"Governance and Anti-Corruption"*, capítulo inédito, Washington DC.

Klitgaard et al. (2001), "The Causes and Consequences of Corruption" (Die Ursachen und Folgen der Korruption), Annals of the American Academy of Political and Social Sciences, Sage Publications.

Klitgaard, R. (1988) *Control of Corruption*, Berkeley/Los Angeles: University of California Press

Louise.K.Boserup et al, "Uma introdução à abertura e acesso à informação". Instituto Dinamarquês para os Direitos Humanos, Copenhaga. Maio-Novembro de 2005.

Mahmood Mamdani (1983). Imperialismo e fascismo no Uganda. Heinemann Education Books (EA) Ltd Nairobi.

Mishra, R. K. (2008). Convenções Anti-Corrupção em África: O que a Sociedade Civil pode fazer para as fazer funcionar - A Book Review, JOAAG, Volume 3, No. 2

Museveni, YK. (1985) Artigos seleccionados sobre a Guerra da Resistência do Uganda,

---

Tanzy Vito (1998), Corruption in the world, cause, consequences, extent and remedies. FMI Staff Papers, Vol. 45.No. 4 at pg 587 "... o maior erro que pode ser cometido é confiar numa estratégia que

publicação da NRM Colour print Nairobi, Quénia.

demasiado concentrado em acções numa única área, tais como aumentar os salários dos funcionários do sector público ou criar um gabinete anti-corrupção, e depois esperar resultados rápidos

Robert William (1987). Politische Korruption em Afrika. Gomer Publications Company Limited, Hampshire.

Rose-Ackerman, S. (1978) *Corrupção. A Study on Political Economy,* New York: Academic Press, and Rose-Ackerman, S. (1999) *Corruption and Government. Causas, consequências e reforma,* Cambridge: Cambridge University Press. pundeh, *Curbing Corruption, Toward a Model of Building National Integrity,* Washington DC: Estudos de desenvolvimento EDI,

Rose-Ackerman, S. (1978) *Corrupção. A Study on Political Economy,* New York: Academic Press, and Rose-Ackerman, S. (1999) *Corruption and Government. Causas, consequências e reforma,* Cambridge: Universidade de Cambridge: University of Cambridge Press.

S. Dicklich (1994): A democratização do Uganda sob o regime do NRM. Para preparar o Congresso Mundial da Associação Internacional de Ciência Política. Congresso Mundial da Associação Internacional de Ciência Política. 21-25 de Agosto.

Wangusa. M. (1998), Why Uganda's civil society is weak, Der Verteidiger. A Bi-Annual Human Rights Journal of the Foundation for Human Rights Initiative, Ausgabe 4.1.

Conteúdos

Printed by Books on Demand GmbH, Norderstedt / Germany